SUS BATALLAS
SON DEL SEÑOR

SUS BATALLAS SON DEL SEÑOR

Conozca a su enemigo y sea más
que un vencedor

JOYCE MEYER

NEW YORK NASHVILLE

ÍNDICE

INTRODUCCIÓN

El título de este libro probablemente provoca emoción en la mayoría de las personas, porque sentimos que estamos luchando contra algo la mayor parte del tiempo. Muy pocas personas pueden decir que no tienen ningún reto y que todo en su vida está tranquilo y es placentero. Hay ocasiones, claro está, en las que podemos decir que todo está funcionando bien, pero esa no es una situación permanente.

Nos encontramos con diversas pruebas, retos y problemas, los cuales a menudo denominamos nuestras "batallas" en la vida. Estas batallas pueden producirse en nuestras relaciones, nuestras finanzas, o nuestra salud. Podrían también involucrar la muerte de un ser querido o incertidumbre sobre una decisión que debemos tomar. Vivimos vidas aceleradas, y raras veces tenemos un día en el que todo discurre tan perfectamente como deseamos.

Jesús nunca nos prometió una vida sin problemas u oposición. De hecho, prometió justamente lo contrario. Dijo que en el mundo tendríamos aflicción, angustia y sufrimiento. Si nos quedáramos ahí, tendríamos que estar desanimados, pero Jesús también dijo que en Él podríamos tener perfecta paz, podríamos ser valientes, estar confiados, impávidos y llenos de gozo, porque Él ha vencido al mundo (ver Juan 16:33).

En este versículo descubrimos qué esperar en la vida. Si creemos verdaderamente que nuestras batallas son del Señor y aprendemos a dejar que Dios las pelee por nosotros, podemos esperar entonces que siempre que tengamos problemas, estas terminarán en victoria para nosotros. No importa cuán difíciles sean nuestros desafíos, si Dios está con nosotros, tenemos todo lo que necesitamos para ganar cada batalla. Deberíamos recordar siempre que todo es posible para Dios (ver Mateo 19:26). Su fortaleza se muestra mejor mediante nuestras debilidades (ver 2 Corintios 12:9), y mientras más confiamos en Él, más éxito tendremos en cualquier cosa que hagamos.

Una de las personas sobre la que escribo en este libro es Gedeón. Él era un hombre acobardado que no tenía ninguna confianza, y Dios lo llamó para luchar una batalla que parecía imposible de ganar. Al final ganó, pero primero Dios redujo el tamaño de su ejército de manera importante para que fuera superado en número en la batalla y no tuviera otra elección que la de confiar por completo en Él. No ganamos nuestras batallas por el tamaño de nuestro ejército, por los recursos terrenales que tengamos a nuestra disposición o por ninguna otra cosa que pudiera estar a nuestro favor. Ganamos solo porque nuestras batallas son del Señor. Dios nos da la victoria, y suya es la gratitud y la alabanza.

Cuando dejamos que Dios pelee nuestras batallas siempre ganamos, pero si intentamos lucharlas nosotros, siempre perdemos. Sin embargo, es importante para mí establecer desde el principio de este libro que solo por el hecho de que nuestras batallas sean del Señor, eso no significa que seamos pasivos, inactivos y perezosos. Significa que no pasamos a la acción hasta que Dios nos muestra qué hacer y cuándo hacerlo. Hasta entonces, esperamos en Él con expectación. Tomamos nuestra posición como sus hijos, nos mantenemos en fe contra el enemigo, y alabamos y adoramos a Dios, esperando plenamente que Él nos dé las instrucciones, nos libre y nos guíe a la victoria. A medida que aprendemos a dejar que Dios pelee nuestras batallas, podemos aprender a disfrutar la vida mientras esperamos la victoria, y podemos tener paz en lo más hondo de nuestro ser, mientras las tormentas arrecian en la superficie de nuestra vida a través de las circunstancias.

En este libro aprenderá a conocer a su enemigo; aprenderá a conocer su naturaleza y sus tácticas, y cómo reconocerlo y derrotarlo. D. Martyn Lloyd-Jones escribió en su libro *The Christian Warfare* (La guerra espiritual cristiana): "Lo que un maestro sabio hace es exponer las Epístolas, y especialmente esta enseñanza sobre las artimañas del diablo. Todos nuestros problemas surgen finalmente de esa fuente" (Carlisle, PA: Banner of Truth Trust, 1976, p. 99). Quiero que conozca a su enemigo y entienda que no tiene por qué temerlo. También quiero que esté instruido y equipado con toda la información que necesite sobre sus tácticas, engaños y maquinaciones, y que aprenda a reconocerlo y derrotarlo.

Es obvio que hay dos fuerzas que operan en el mundo: el bien y el mal. Dios es bueno, y el diablo es malo. Como el diablo no puede llegar hasta Dios para hacerle daño, lucha contra sus hijos: los que han creído en Jesús como Salvador y Señor y han nacido de nuevo en su reino. Él espera herir a Dios hiriéndonos a nosotros, pero Dios ha dejado claro su plan, y es simplemente este: "Para esto apareció el Hijo de Dios, para deshacer las obras del diablo" (1 Juan 3:8).

En Romanos 12:21, el apóstol Pablo escribe que vencemos el mal con el bien. Nuestra inclinación natural sería devolver mal por mal, pero no es así como ganamos las batallas espirituales contra el diablo y su ejército de demonios. Él espera hacernos enojar y provocarnos para que actuemos con ira, pero Jesús nos enseña a amarnos unos a otros. El amor es la fuerza más poderosa del mundo; Satanás no tiene manera de ganar contra el verdadero amor. Lucas escribe en Hechos 10:38 que Jesús recorrió la tierra haciendo el bien y sanando a todos los oprimidos por el diablo, porque Dios estaba con Él. Jesús venció el mal con el bien, y nosotros también podemos hacerlo.

Creo que aprenderá en este libro que Dios no solo quiere luchar nuestras batallas, sino que quiere enseñarnos a luchar *de una forma que nos asegure la victoria*. Algo de esto quizá le sorprenda y le parezca que no puede funcionar, pero los caminos de Dios siempre funcionan si nos mantenemos firmes y lo seguimos a Él a la batalla, ¡durante todo el recorrido hasta la victoria!

Prepárese para renovar su mente y para que su pensamiento cambie a medida que conoce la verdad de la Palabra de Dios con respecto a las batallas de su vida. Su lucha no es contra personas, ni incluso contra circunstancias, sino contra el diablo. Pablo escribe:

> Porque no tenemos lucha contra sangre y carne, sino contra principados, contra potestades, contra los gobernadores de las tinieblas de este siglo, contra huestes espirituales de maldad en las regiones celestes.
>
> Efesios 6:12

Sus batallas son del Señor, ¡y la victoria es suya! Aprenda a confiar en que Dios pelea con usted y por usted, y en medio de todas sus luchas terrenales será más que vencedor por medio de Jesucristo que le ama (ver Romanos 8:37).

SUS BATALLAS SON DEL SEÑOR

CAPÍTULO 1

Conozca a su enemigo

Sed sobrios, y velad; porque vuestro adversario el diablo, como león rugiente, anda alrededor buscando a quien devorar.

1 Pedro 5:8

Satanás anda alrededor buscando a quien devorar, ¡pero esa persona no tiene por qué ser usted! Si llega a conocerlo y las tácticas que usa, y si se mantiene vigilante y alerta, puede evitar que le engañe y atrape.

Esta historia con tono de humor es una forma de ver el verdadero poder que tiene el diablo:

Carl Armerding contaba su experiencia de ver a un gato salvaje en un zoológico.

"Mientras estaba allí parado", dijo él, "entró un trabajador en la jaula a través de una puerta por el lado contrario al mío. Solo tenía en sus manos una escoba. Cerrando cuidadosamente la puerta, procedió a barrer el piso de la jaula". Observó que el trabajador no tenía arma alguna con la que repeler un posible ataque del animal. De hecho, cuando llegó a la esquina de la jaula donde estaba tumbado el gato salvaje, le dio un ligero toque con el palo de la escoba. El gato salvaje le bufó y después se tumbó en otra esquina de la jaula. Armerding le dijo al empleado: "Ciertamente es usted un hombre muy valiente".

"No, no soy valiente", respondió mientras seguía barriendo.

"Bueno, entonces, ese gato debe estar domado".

"No", respondió, "no está domado".

"Si usted no es valiente y el gato salvaje no está domado, entonces no entiendo por qué no le ataca".

Armerding dijo que el hombre mostró una sonrisita y después respondió con aire de confianza: "Señor, el gato es muy viejo, y ya no tiene dientes".

Moody Monthly, como se
cita en sermonillustrations.com

No quiero decir con esto que Satanás no tenga poder. Lo tiene, y deberíamos tomarnos eso en serio. Pero recordemos que él realmente no es un león rugiente, ¡sino que viene *como* un león rugiente! Jesús es el León de la tribu de Judá, y Satanás solo puede mostrar una imitación de lo real y verdadero. El diablo es un mentiroso, y solo puede dañar a las personas que le creen y son engañadas por él.

> El diablo es un mentiroso, y solo puede dañar a las personas que le creen y son engañadas por él.

Antes de empezar ni siquiera a pensar en un arma espiritual y cómo derrotar al enemigo, deberíamos entender que no tenemos que *intentar* derrotar al diablo, porque él ya es un enemigo derrotado. Jesús lo derrotó en la cruz, y nosotros simplemente aplicamos por la fe la victoria que ya es nuestra a través de nuestra fe en Cristo.

Y despojando a los principados y a las potestades, los
exhibió públicamente, triunfando sobre ellos en la
cruz.

Colosenses 2:15

Sabemos que Jesús nos ha rescatado de las tinieblas y nos ha
trasladado al reino de luz, que es el reino de Dios (ver Colosenses
1:13).

Las Escrituras nos ayudan a entender que estamos luchando
desde un punto de vista aventajado de tener ya la victoria, en
vez de intentar conseguir una victoria. Como Pablo escribe a los
romanos: "Antes, en todas estas cosas somos más que vencedores
por medio de aquel que nos amó" (Romanos 8:37).

La manera de vernos a nosotros mismos es muy importante.
Deberíamos vernos como personas con autoridad, como creyentes vencedores y victoriosos. Si permitimos que el diablo nos
convenza de que somos débiles, incapaces, ineptos y perdedores,
entonces creeremos y demostraremos esas características. Deberíamos ponernos de acuerdo con Dios y creer lo que Él dice sobre
nosotros.

Uno de los principales objetivos de Satanás es impedir que
sepamos quiénes somos en Cristo y que sepamos cuáles son nuestros privilegios como hijos de Dios. Él trabaja incansablemente
para intentar hacernos sentir mal con nosotros mismos y que
creamos que no somos aceptables para Dios ni para ninguna otra
persona. Como dije antes, lo que creemos de nosotros mismos
es muy importante. Es más importante que lo que cualquier otra
persona piense.

Creer lo que Dios dice de nosotros en su Palabra y vernos a
nosotros mismos como Él nos ve es una de las formas en que

> *Satanás es un enemigo derrotado y él lo sabe. Pero si nosotros no lo sabemos, él se aprovechará de esa falta de conocimiento y fingirá todo el tiempo para intimidarnos.*

le dejamos pelear nuestras batallas por nosotros. Sabemos que, antes incluso de que empiecen las batallas, ya tenemos la victoria. Puede que tengamos que pasar por algunas dificultades y mantenernos fuertes en la fe, pero sabemos cómo termina la historia. Satanás es un enemigo derrotado y él lo sabe. Pero si nosotros no lo sabemos, él se aprovechará de esa falta de conocimiento y fingirá todo el tiempo para intimidarnos.

El diablo es un mentiroso

La primera vez que Satanás aparece en la Biblia es en Génesis 3, y lo primero que hace es intentar conseguir que Eva sospeche de la Palabra de Dios. El diablo es un mentiroso, pero Dios es verdad y, por lo tanto, no puede mentir. Cuando Eva escuchó al diablo, ella comenzó a cuestionar la bondad de Dios, y mordió el cebo de Satanás y desobedeció las instrucciones de Dios para ella y para Adán. Dios dijo que podían comer de todo árbol del huerto, salvo del árbol del conocimiento del bien y del mal. Les dijo que no comieran de ese árbol o de lo contrario morirían (ver Génesis 2:17). Las instrucciones de Dios eran para el bien de Adán y Eva, pero el diablo hizo que pareciera como si Dios les estuviera privando de algo que deberían tener y disfrutar.

Como el trabajador del zoológico que sabía que el gato salvaje no tenía dientes y era demasiado viejo para hacerle daño, podemos saber que Satanás no tiene un poder genuino salvo el poder que nosotros le demos al creer sus mentiras. Creer una mentira es ser engañado, pero cuando las personas son engañadas, no se dan cuenta de que están siendo engañadas. Creen que lo que *piensan* es verdad y actúan en consecuencia. Una de las tareas más difíciles que me he encontrado en el ministerio es intentar convencer a alguien que está muy engañado de que no está en lo cierto con respecto a lo que cree.

No solo el diablo es un mentiroso, sino que también es el padre de mentiras. Jesús le enseñó a un grupo de personas que le escuchaban: "Vosotros sois de vuestro padre el diablo, y los deseos de vuestro padre queréis hacer. Él ha sido homicida desde el principio, y no ha permanecido en la verdad, porque no hay verdad en él. Cuando habla mentira, de suyo habla; porque es mentiroso, y padre de mentira" (Juan 8:44).

Pensemos un momento en cómo afecta nuestra vida el hecho de que el diablo es un mentiroso. Si no somos conscientes de que Satanás es una verdadera amenaza y si no conocemos su carácter, puede engañarnos fácilmente y podemos terminar creyendo muchas cosas que no son ciertas. Estas creencias nos impedirán disfrutar de la vida que Jesús nos quiso dar con su muerte.

¿Qué sucedería si viviera toda su vida en pobreza, solo sobreviviendo, y cuando estuviera listo para morir alguien le dijera que sus abuelos le habían dejado una herencia y que usted había sido millonario desde hacía cuarenta años atrás? Podría haber disfrutado de una vida totalmente distinta a la que tuvo, pero no sabía nada sobre la herencia, así que se la perdió, aunque fue suya todo el tiempo. Así es nuestra vida cuando creemos las mentiras de Satanás y no conocemos la verdad de la Palabra de Dios. Las riquezas espirituales y materiales de la herencia de Cristo son maravillosas, pero nos las perdemos porque no las conocemos. La verdad es que Dios quiere bendecirnos con cosas buenas, y el diablo quiere robárnoslas.

Deténgase y pregúntese qué mentiras podría estar creyendo en este momento que están impidiendo que entre en la plenitud de la vida que Jesús quiere que tenga.

Puedo compartir mi propia experiencia como ejemplo, y estoy segura de que muchas personas han tenido experiencias similares. Yo era una persona cristiana nacida de nuevo y asistía a la iglesia regularmente. Incluso me involucraba en actividades y varios ministerios de alcance en la iglesia. Asistí a dos iglesias distintas de una denominación en particular durante un periodo de nueve años, y aunque oí que se mencionaba al diablo, no tenía un concepto real de él como mi enemigo personal. No tenía ni idea de que él estaba trabajando activamente contra Dios, su obra en la tierra y sus hijos.

Mi vida era como las vidas de la mayoría de los cristianos que conocía. Aunque asistía a la iglesia y creía en Jesús, no tenía una verdadera victoria. Me enojaba con facilidad, era negativa, rencorosa, celosa y crítica. Tenía muchos otros rasgos perjudiciales que el diablo instigaba, pero yo no sabía que él estaba detrás de ellos, ni lo reconocía como mi verdadero enemigo. En lugar de verlo a él como la fuente de mis problemas, por lo general culpaba a otras personas y pensaba que, si ellos cambiaban, yo estaría feliz y sería más fácil llevarme bien con ellos.

Culpar a otros de nuestros problemas es otro de los engaños de Satanás, y eso también empezó en el huerto del Edén. Cuando Adán y Eva fueron confrontados en su pecado, Eva culpó al diablo y Adán culpó a Eva, pero Dios asignó la responsabilidad y el castigo a todos ellos. Satanás era culpable de mentir a Adán y Eva, pero ellos también eran culpables por escuchar y creer lo que él dijo en vez de lo que Dios había dicho (ver Génesis 3:1-19).

Mientras culpemos a otras personas de nuestra propia mala conducta y problemas, estamos atrapados en un círculo interminable de desgracia. El único camino hacia la libertad es dejar que

Dios nos muestre la verdad, mirarla de frente y pedir a Dios que nos ayude a cambiar. Si nos han tratado injustamente, Dios nos defenderá a su debido tiempo.

El diablo está vivo y activo

Corrie ten Boom dijo: "El primer paso en el camino hacia la victoria es reconocer al enemigo". ¡Tenía razón!

En la década de los setenta, leí un libro que era popular en aquel entonces titulado *Satanás, vivo y activo en el planeta tierra*, de Hal Lindsey. Ese libro abrió mis ojos a muchas cosas, y Dios lo usó para comenzar un cambio espiritual revolucionario en mí. Me hizo ver cuán activo está Satanás en la tierra y lo que está intentando hacer. Por primera vez lo vi como un enemigo real con el que tenía que tratar. También fui más consciente de que muchas de mis creencias eran totalmente erróneas, según las Escrituras. El diablo me había engañado, y yo era totalmente inconsciente de ello.

Por ejemplo, yo creí durante años que debido a que mi padre había abusado de mí sexualmente, yo siempre tendría una vida de segunda categoría. Estaba convencida de que mi vida nunca podría ser tan buena como lo habría sido si no hubiera sufrido abusos. Esos pensamientos me hicieron ser rencorosa y sentirme sin esperanza. Pero al aprender la verdad de la Palabra de Dios, descubrí promesas de Dios, como la que dice que Él me daría una doble bendición por mis problemas del pasado y el trato injusto que había recibido:

En lugar de vuestra doble confusión y de vuestra deshonra, os alabarán en sus heredades; por lo cual en sus tierras poseerán doble honra, y tendrán perpetuo gozo. Porque yo Jehová soy amante del derecho, aborrecedor del latrocinio para holocausto; por tanto, afirmaré en verdad su obra, y haré con ellos pacto perpetuo.

Isaías 61:7-8

Yo creía que era una decepción para Dios y que debería haber hecho algo para salir de mi situación cuando era niña, aunque no tenía ni idea de qué podía haber hecho. Le dije a mi mamá lo que mi padre me estaba haciendo, y ella no me creyó. Pocos años después, sorprendió a mi padre abusando de mí, y decidió ignorarlo y no tratarlo de ninguna forma por miedo. Pedí ayuda a otros familiares, y ellos no quisieron involucrarse; así que me rendí y decidí que, si no podía salir de la situación, la soportaría y me iría de casa en cuanto fuera lo suficientemente mayor para hacerlo. Cuando me fui de casa, pensé que había dejado atrás mi problema, pero me lo llevé conmigo en mi alma herida y, tristemente, sufrí muchos años más de tormento mental y emocional, porque seguí creyendo las mentiras del diablo.

Soportaba una carga de culpa y vergüenza conmigo todo el tiempo, y no fue hasta que estudié la Palabra de Dios por muchos años cuando la verdad finalmente se hizo más fuerte que las mentiras que había creído la mayor parte de mi vida. Por fortuna, supe que Jesús llevó mi pecado, culpa y vergüenza, y que, a través de mi fe en Jesús, Dios me consideraba justa delante de Él. Es más, según las Escrituras, yo era la justicia de Dios en Cristo (ver 2 Corintios 5:21). Era una nueva criatura en Cristo; las cosas viejas habían pasado y todas las cosas habían sido hechas nuevas (ver 2 Corintios 5:17).

Aprendí que tenía autoridad sobre Satanás, y que era llamada y ungida por Dios para servirle y hacer cosas maravillosas.

También leí que hay 5467 promesas de Dios en su Palabra, y me estaba perdiendo la mayoría de ellas por creer las mentiras de Satanás en lugar de conocer la verdad. Jesús dijo que, si conocemos la verdad, ésta nos hará libres (ver Juan 8:32). Eso es lo que me ocurrió a mí y a muchos millones de personas más, y también le ocurrirá a usted.

Estos ejemplos son solo unas pocas de las mentiras que la Palabra de Dios destapó en mi vida, mentiras que Satanás me había dicho y que yo creí. Aprendí de primera mano que el diablo está muy vivo y activo contra el pueblo de Dios.

Recupere su mente

Watchman Nee escribió cosas fenomenales sobre cómo ataca Satanás y usa las mentes de los creyentes para hacer su obra perversa. Mediante sus escritos, aprendí que la mente es el campo de batalla en el que ganamos o perdemos la guerra contra el mal. En su libro, *El hombre espiritual*, escribió:

> ¿Por qué la vida mental del cristiano es tan atacada por los espíritus malignos? Esto se puede responder con una sola frase: los creyentes dan a los espíritus malignos (o el diablo) la oportunidad de atacar.

¿Por qué darían los creyentes a los espíritus malignos la oportunidad de atacar su mente? Lo harían solo porque ignoran sus artimañas y métodos de engaño, o quizá son totalmente ignorantes de su existencia. La palabra *astuto*, que está relacionada con la palabra *artimañas*, significa "ingenioso, listo y engañoso". A menudo, las artimañas se describen como "trucos inteligentes", y son la forma que tiene Satanás de conseguir entrada en la vida de una persona. Satanás no llama a la puerta de entrada de nuestra vida anunciando su llegada, diciéndonos quién es él e informándonos de que ha llegado para destruirnos. Él espera un momento oportuno y entonces miente, engaña y hace su entrada de forma astuta e ingeniosa, a menudo sin ser detectado. Después se deleita oyéndonos culpar a Dios o a otras personas de los problemas que el diablo mismo está instigando.

D. Martyn Lloyd-Jones observó en *The Christian Warfare*: "No hay nada, diría yo, que sea más importante sobre el *evangelicalismo* en este siglo actual que la forma en que ha ignorado en general esta enseñanza con respecto al diablo y los principados y potestades, y las 'artimañas' del diablo" (p. 98). Tenemos que aprender mucho en esta área. No solo necesitamos aprenderlo, también necesitamos recordarnos a menudo que tenemos un enemigo que está siempre al acecho, buscando alguien a quien devorar.

Las personas que no aprenden a pensar por sí mismas se dirigen hacia los problemas. ¿Alguna vez piensa en lo que ha estado pensando? Si lo hiciera, a menudo encontraría la fuente de sus problemas. Nuestras palabras, emociones y acciones son el resultado de nuestros pensamientos. Por ejemplo, es imposible pasar el día entreteniendo pensamientos negativos y meditando en ellos, y seguir estando feliz y gozoso. Cuando nuestros pensamientos son negativos y amargos, nuestro estado de ánimo se vuelve igual. Cuando son positivos y esperanzadores, nuestro espíritu se eleva y vivimos con una expectativa de que algo bueno está de camino a nuestra vida.

La Biblia nos aconseja que resistamos al diablo (ver Santiago 4:7), sin embargo, a menudo, le ayudamos sin saberlo al recibir como propio cada pensamiento que él pone en nuestra mente. Usted y yo podemos y deberíamos tener nuestro propio pensamiento. Deberíamos escoger con cuidado nuestros pensamientos, porque finalmente se convierten en los planos para nuestra vida. Pablo escribe en su carta a la iglesia de los corintios:

> Deberíamos escoger con cuidado nuestros pensamientos, porque finalmente se convierten en los planos para nuestra vida.

Porque las armas de nuestra milicia no son carnales, sino poderosas en Dios para la destrucción de fortalezas, derribando argumentos y toda altivez que se levanta contra el conocimiento de Dios, y llevando cautivo todo pensamiento a la obediencia a Cristo.

2 Corintios 10:4-5

Las personas que desean ganar sus batallas deben entender la importancia de este pasaje. En primer lugar, nos enseña que tenemos armas. Nuestras armas no son físicas, así que deben ser espirituales. No se pueden ver en la esfera de lo natural, pero ciertamente afectan esta esfera. El arma principal de la que Pablo está hablando en 2 Corintios 10:4-5 es la Palabra de Dios. Con esa Palabra, reconocemos y derrotamos las mentiras y pensamientos que el diablo susurra en nuestra mente. Por favor, observe que somos *nosotros* quienes debemos llevar cautivos esos pensamientos. No es algo que Dios ni nadie más puede hacer por nosotros. Nosotros dirigimos nuestros pensamientos a la obediencia a la voluntad de Cristo. Aprendemos a pensar como Dios quiere que pensemos, y Él quiere que pensemos según su Palabra. Él quiere que estemos de acuerdo con Él y con su plan y propósito para nuestra vida y para su reino.

Renueve su mente

La renovación de la mente es lo más importante para la persona que ha aceptado a Jesús como Salvador y Señor. El nuevo creyente debe aprender a pensar de una forma totalmente nueva. Podríamos tener años de práctica pensando de formas contrarias a lo que Dios dice, y aprender a pensar en acuerdo con la Palabra de Dios nos tomará tiempo, educación y esfuerzo. Pablo escribe que no debemos conformarnos a este mundo, "sino sean transformados mediante la renovación de su mente" (Romanos 12:2, NVI). En otras palabras, no debemos pensar o comportarnos como lo hacen las personas mundanas. En cambio, debemos ser transformados mediante la renovación de nuestra mente, según la Palabra de Dios, para que podamos comprobar cuál es la voluntad de Dios, y experimentemos el buen plan y propósito que Él tiene para cada uno de nosotros.

La palabra *transformados*, según se usa en Romanos 12:2, significa "ser cambiados por completo según una nueva realidad interior". Dios hace esta obra en nosotros. Nos convertimos en una nueva criatura (ver 2 Corintios 5:17), y a medida que aprendemos a pensar y a comportarnos según esa nueva realidad, toda nuestra vida cambia. Esto sucede de forma gradual y depende del conocimiento que obtenemos de la Palabra de Dios, su voluntad y sus caminos, y de nuestra disposición a someter nuestro pensamiento y acciones a ella.

Si nos permitimos ser conformados según el mundo, pensaremos como ellos nos digan que pensemos y haremos lo que ellos nos digan que hagamos. Por fortuna, como hijos de Dios que somos, tenemos otra opción, y es la de ser transformados a la imagen de Cristo y vivir la vida maravillosa que Él ha provisto para nosotros mediante su muerte y resurrección.

El diablo lucha incesantemente contra el buen plan que Dios tiene para nosotros, y lo hace mediante mentiras, engaños y varias estrategias, intentando mantenernos distraídos enviando problemas y dificultades a nuestro camino. Los nuevos creyentes intentan crecer en su relación con Jesús mediante el estudio de la Palabra de Dios, porque es así como aprenden a distinguir el bien del mal. El Espíritu Santo, que vive en nosotros y es nuestro Ayudador en la vida, así como nuestro Maestro, siembra la Palabra en nuestro corazón, pero Satanás viene inmediatamente e intenta robarla de muchas maneras.

Jesús dijo que hay veces en que la semilla (la Palabra de Dios) se siembra, pero los problemas y las persecuciones llegan antes de que tenga tiempo de echar raíces. De inmediato, los que la oyen se ofenden y se enojan, y después se alejan (ver Marcos 4:16-17). A menudo, esto les sucede a las personas que tienen la idea errónea de que ser cristiano significa que Dios hará que todo sea cómodo y maravilloso para ellos. De vez en cuando surgen enseñanzas en diferentes partes del Cuerpo de Cristo afirmando que lo único que los creyentes tienen que hacer es mirar a Cristo y Él les dará la victoria. Pero Pablo escribe que debemos ponernos toda la armadura de Dios y derribar pensamientos que no son conformes a la Palabra de Dios (ver Efesios 6:11; 2 Corintios 10:5).

Podemos ver que Dios nos ha dado la responsabilidad en este proceso. Él nunca falla en hacer su parte, pero tampoco hará nuestra parte por nosotros; quiere que participemos activamente con Él. Somos colaboradores de Dios en su obra.

Es muy importante entender esto, porque estar firmes en la fe es especialmente difícil cuando pasamos por pruebas y tribulaciones. Cuando el enemigo está atacando a creyentes de algún modo que es doloroso o incómodo para ellos, frecuentemente los oigo decir: "No entiendo por qué Dios permite que suceda esto. Si Él es bueno y nos libra de nuestros problemas cuando oramos, entonces, ¿por qué me está ocurriendo esto a mí?". Dios no se enoja con nosotros cuando hacemos tales preguntas, pero esas preguntas son inmaduras y normalmente vienen de creyentes inmaduros y, por lo general, se quedan sin recibir respuestas. Dios quiere y espera que superemos esta etapa en la que hacemos esos comentarios cuando sufrimos problemas. Dios quiere oírnos decir: "Confío en ti, Señor, y te amo tanto en los tiempos malos como en los buenos".

También me parece interesante que nos preguntemos por qué nos suceden cosas negativas, pero no parecemos estar confundidos cuando otras personas tienen problemas. Somos rápidos para recordarles a otros que Dios es fiel y los animamos a mantenerse fuertes, pero cuando somos nosotros los heridos, nuestros pensamientos y emociones pueden volverse inestables y hacernos decir cosas que no deberíamos decir.

El escritor de Hebreos enseña que deberíamos apartar la mirada de todo lo que nos distraiga de Jesús, quien es el Autor y Consumador de nuestra fe (ver Hebreos 12:2). Lo miramos a Él, y Él nos mantiene fuertes y enfocados en la victoria que viene de camino. Esperar pacientemente en fe a que llegue el cambio mientras Dios pelea con nosotros y por nosotros es parte de lo que debemos aprender a hacer. Dios promete ayudarnos, pero el momento y la forma en que Él lo hace dependen de Él.

Pablo deja muy clara cuál es nuestra parte en Efesios 6:13:

> Por tanto, tomad toda la armadura de Dios, para que podáis resistir en el día malo, y habiendo acabado todo, estar firmes.

CAPÍTULO 2

Haga todo lo que demande la crisis

...y habiendo acabado todo, estar firmes.

Efesios 6:13

Siempre que nos encontramos en algún tipo de crisis, es una batalla en nuestra vida. Durante estos tiempos no debemos mantenernos pasivos o neutrales. ¡Debemos actuar! No podemos hacer lo que no sabemos hacer, pero Dios espera que hagamos lo que podamos. A menudo, digo que si hacemos lo que podemos mientras confiamos en Dios, Él hará lo que no podemos hacer mientras estamos firme en la fe y esperamos a que Él nos dé la victoria completa. Como enseñó Pablo, hagamos todo

> Dios peleará nuestras batallas por nosotros, pero tenemos que acudir al combate.

lo que demande la crisis y después estemos firmes en nuestro lugar (ver Efesios 6:13). Al hacer lo que podemos hacer, estaremos seguros de que Dios peleará por nosotros y que siempre ganaremos al final. Dios peleará nuestras batallas por nosotros, pero tenemos que acudir al combate.

No vale de nada saber qué hacer si no lo hacemos. Algunas personas lo postergan todo, pensando que harán lo que se debe hacer, pero su plan es hacerlo después. Esa forma de pensar es engañosa porque, en la mayoría de los casos, ese después nunca es un buen momento. Postergar es como una tarjeta de crédito: es muy divertida hasta que nos llega la factura. Postergar las cosas fáciles solo hace que sean más difíciles. Sea una persona de acción; haga lo que haya que hacer, y nunca deje para mañana lo que debería hacer hoy.

Mencioné que dejar que Dios pelee nuestras batallas ciertamente no significa sentarnos ociosamente y no hacer nada. Primero, deberíamos estar muy activos espiritualmente. Deberíamos alabar y adorar a Dios y estar agradecidos por todo lo que Él ha hecho por nosotros y por lo que esperamos que haga en el futuro. Siempre debemos levantar nuestro escudo de la fe, el cual apaga todos los dardos de fuego del enemigo (ver Efesios 6:16). Eso significa que nos mantenemos fuertes en la fe, creyendo la Palabra de Dios y sus promesas al margen de cuáles puedan ser nuestras circunstancias. También tenemos que seguir siendo fieles en la oración, no solo orando por nuestras propias necesidades, sino intercediendo también por otros.

Durante los tiempos de crisis algo que podemos hacer es ser buenos con otras personas, ayudar a los necesitados y suplir sus necesidades en la medida que podamos. A menudo veo que, aunque no puedo resolver mi propio problema, Dios me usará para ayudar a otra persona si estoy dispuesta a hacerlo.

Por ejemplo, piense en una persona que necesita un empleo. Por supuesto, esa persona debería orar a Dios para que le dé uno, pero su tarea es buscar incesantemente un empleo. Una persona pasiva quizá se sienta y espera a que suceda el milagro, pero un hombre o una mujer que coopera con Dios y hace su parte no solo ora, sino que también es agresivo en la búsqueda de un empleo. Tal persona debería estar dispuesta a hacer cualquier trabajo que consiga, aunque no sea el perfecto o el que realmente desea. Hacer algo fructífero mientras espera la situación ideal es siempre sabio. ¡Haga algo o no hará nada en absoluto!

A menudo pienso en la historia de la Biblia sobre el hombre enfermo que estuvo junto al estanque de Betesda durante treinta y ocho años en espera de un milagro (ver Juan 5:1-9). Tenía una oportunidad de ser sanado cada año, cuando un ángel descendía y removía el agua. Cuando el ángel removía las aguas, la primera persona en bajar a las aguas recibía un milagro.

Cuando Jesús observó al hombre que estaba tumbado allí y supo cuánto tiempo había estado en su condición enferma, le preguntó al hombre: "¿Quieres ser sano?" (Juan 5:6). La respuesta del hombre a Jesús nos da un gran entendimiento de cuál era su verdadero problema. Dijo que no tenía a nadie que lo llevara al estanque y que incluso cuando lo intentaba, había algún otro que se le adelantaba.

Ambas afirmaciones suenan como si el hombre estuviera lleno de autocompasión. Jesús le preguntó al hombre si quería ser sano, y su respuesta no fue un rotundo "¡Sí!". Estaba lleno de excusas. Jesús no pareció sentir lástima por el hombre, ni tampoco le ofreció palabras de compasión, sino que le dijo lo que tenía que hacer. Jesús dijo: "Levántate, toma tu lecho, y anda" (Juan 5:8).

Ahora bien, podríamos preguntarnos qué se supone que debía hacer el hombre si estaba tan enfermo que lo único que pudo hacer era tumbarse junto al estanque durante treinta y ocho años. Obviamente, el hombre no podía caminar, porque le dijo a Jesús que cuando intentaba llegar al estanque, alguien se le adelantaba. Creo que es seguro decir que este hombre esperaba que Dios luchara sus batallas por él, pero no estaba dispuesto a hacer lo que demandaba la crisis mientras esperaba.

Creo que el hombre estaba más enfermo en su alma que en su cuerpo. Su actitud estaba llena de *No puedo*, y cuando ese es el caso en las personas, como lo era en este hombre, ni siquiera lo intentan. No sé lo lejos que podía andar el hombre o con cuánta frecuencia conseguía tener fuerza para caminar, pero seguramente en treinta y ocho años pudo haber llegado de alguna forma hasta el borde del estanque para asegurarse de ser el primero en meterse en el agua cuando llegara el ángel.

Haga algo

No hacer nada es una terrible pérdida de las capacidades que Dios nos ha dado. Aunque no podamos hacer lo que se debe hacer en nuestra situación particular, siempre podemos hacer algo. Hace poco me acordé de un principio que se me había olvidado: cuando estamos ante un proyecto que parece insuperable, la mejor forma de abordarlo es poco a poco. Podemos hacer cualquier cosa si tan solo hacemos lo que podemos por muy poca cosa que pudiera ser. Por ejemplo, si su armario o su oficina necesita despejarse de un exceso de objetos, trabaje en ello diez o quince minutos todos los días, y pronto será un proyecto acabado en vez de uno que le hace sentirse abrumado y culpable.

Una vez leí un artículo sobre reducir el estrés, y decía que los espacios donde trabajamos o vivimos que están desordenados nos hacen sentir estresados. Sé que en mi caso es cierto. Me siento mucho más calmada y a cargo de mi vida si mi entorno está limpio y organizado. Pero yo soy la única persona que puede mantenerlos así, y hacerlo exige una vigilancia constante. Debo hacer algo de forma regular para terminar con lo que quiero.

> *La mayoría de nosotros ponemos excusas por nuestra falta de esfuerzo en vez de asumir la responsabilidad y simplemente hacer lo que hay que hacer.*

La mayoría de nosotros ponemos excusas por nuestra falta de esfuerzo en vez de asumir la responsabilidad y simplemente hacer lo que hay que hacer, pero esa es la peor opción que podemos tomar. Poner excusas nos encarcela en el engaño y nos mantiene estancados en lugares que no nos gustan. Una vez oí que las excusas son solo razones llenas de una mentira, y pienso que es cierto.

Vivimos en una sociedad en la que ser irresponsable se está convirtiendo en algo más normal y aceptable que asumir la responsabilidad. Esto está causando problemas que pueden poner fin a la vida tal como la conocemos si lo ignoramos durante mucho más tiempo. Dios nos ha dado mucho, pero Él espera que seamos diligentes y responsables para cuidar de ello. Si no lo hacemos, terminaremos perdiéndolo.

Estos son algunos ejemplos de lo que estoy hablando. Si vive en un país libre, alguien pagó el precio de su libertad en algún momento, pero usted debe hacer su parte para mantenerla o la perderá. Dios quizá le ha ayudado a conseguir un buen empleo, pero si no hace su parte en ser un buen empleado, llegará el día en que perderá su trabajo. Jesús pagó por nuestra salvación y nos llega como un regalo, pero debemos hacer lo que haya que hacer para resistir al diablo y mantenernos fuertes.

La forma de producir cualquier cambio es ser activo, ¡y hacer lo que pueda hacer!

En estos momentos quizá piense: *Espere un momento, Joyce. Yo pensaba que este libro se trataba de dejar que Dios pelee mis batallas, pero parece que sigue diciéndome lo que yo tengo que hacer.*

Dejar que Dios pelee nuestras batallas no significa que no hagamos nada mientras esperamos que Dios lo haga todo. Tampoco se trata de intentar hacer lo que solo Dios puede hacer mientras rehusamos pasivamente hacer lo que sí *podemos* hacer. Alguien dijo que entre las cosas grandes que *no podemos* hacer y las cosas pequeñas que *no haremos*, podemos correr el peligro de no hacer nada. Si no plantamos la semilla, no tenemos una cosecha, y si no pasamos a la acción, entonces nada cambia.

Me resulta asombroso que la mayoría de las personas que no hacen nada esperan que otras personas hagan por ellas lo que ellos deberían haber hecho. Aunque Dios nos ama mucho, Él no hará todo por nosotros porque eso nos haría ser perezosos, inactivos y, por lo tanto, complacientes e infelices. La persona más perezosa de la tierra es la persona más infeliz de la tierra. ¿Por qué? Porque Dios no nos llenó de habilidades, dones, talentos, fortaleza y creatividad para que nos sentemos sin hacer nada. O bien usamos lo que tenemos, o terminaremos perdiéndolo. Pídale a Dios todos los días que le muestre lo que puede hacer y también que le guarde de intentar hacer lo que solo Él puede hacer.

> *La persona más perezosa de la tierra es la persona más infeliz de la tierra.*

Por ejemplo:

- Usted no puede cambiar a su cónyuge o su hijo, pero puede orar para que Dios haga los cambios que Él quiera hacer. Y mientras usted espera en Dios, puede mantenerse ocupado cooperando con el Espíritu Santo para dejarle que haga los cambios en usted que Él quiera hacer.
- Usted no puede lograr caerle bien a los demás, pero puede ser una persona amable.
- Usted no puede hacer que su jefe le dé el ascenso que quiere, pero puede ser el mejor trabajador que tiene. Puede llegar a tiempo, o incluso llegar un poco antes cada día. Puede ir la milla extra en su trabajo y hacer más de lo que se espera de usted. Puede hacer todo esto para el Señor por su amor y aprecio por todo lo que Él ha hecho por usted. Entonces, si Dios decide ascenderle, no importa lo que su jefe quiera o piense, lo que Dios ordena siempre sucede.

- Si usted está seriamente desentrenado y cansado todo el tiempo, y sabe que necesita hacer ejercicio regularmente, puede dar pequeños pasos para estar más en forma. No puede comenzar un programa y ponerse en forma de la noche a la mañana, pero puede comenzar haciendo lo que puede hacer cada día, aunque sea solo caminar dando una vuelta a la manzana.

Cuándo orar y cuándo actuar

Una vez que estaba orando y pidiéndole a Dios que ayudara a alguien que tenía un problema, Dios susurró en mi corazón: "Deja de pedirme que haga cosas que tú misma podrías hacer, pero no quieres hacer".

Lo que Dios dijo no necesitaba interpretación alguna. No me quedé confundida en absoluto, y supe de inmediato que Él tenía razón. Yo le estaba pidiendo a Dios que proveyera algo que yo podía proveer con facilidad, pero aparentemente yo no había estado dispuesta a hacer el sacrificio necesario para actuar. La inactividad es realmente peligrosa para el creyente porque, cuando no hacemos nada y el diablo nos encuentra pasivos y perezosos, entonces puede obtener acceso a nuestra vida.

Deberíamos orar todo el tiempo, incluyendo los momentos en que tenemos la intención de pasar a la acción. Nunca deberíamos tomar ningún tipo de acción sin reconocer a Dios en ello. Por ejemplo, yo podría haber orado en la situación con mi amiga en necesidad de esta forma: "Padre, _____ necesita dinero para pagar su renta este mes por una inesperada avería de su vehículo que tuvo que pagar. Yo estoy dispuesta a pagárselo si eso es lo que quieres que haga". Después, si siento paz con respecto a la acción que tengo la intención de realizar, debería proceder y hacerlo.

Hay veces en las que oramos y después actuamos, y hay veces en las que lo único que podemos hacer es orar, porque ninguna acción que podamos llevar a cabo ayudará o cambiará nuestra situación. Debemos discernir entre estas dos ocasiones y estar siempre listos para actuar si podemos y creemos que debemos hacerlo.

Mateo 25 ofrece un ejemplo de personas que no hicieron lo que deberían haber hecho y después esperaron que quienes sí lo hicieron les sacaran del problema. En esta parábola, diez vírgenes tomaron sus lámparas y fueron a encontrarse con el novio. Cinco fueron necias, desconsideradas y despreocupadas, pero las otras cinco fueron diligentes, sabias, visionarias, prácticas y sensibles.

El novio se demoró y todas ellas cabecearon, pero la espera extra no fue un problema para las sabias, porque habían llevado consigo aceite extra por si acaso tenían que esperar más de la cuenta. Las necias no consideraron llevar aceite extra porque no eran de las que hacen nada extra. Cuando llegó el novio, las vírgenes necias no estaban listas y se quedaron atrás, pero las sabias entraron en la fiesta nupcial. Esta historia termina con esta instrucción.

> Por tanto—agregó Jesús—, manténganse despiertos porque no saben ni el día ni la hora.
>
> Mateo 25:13, NVI

En otras palabras, manténgase activo, haciendo siempre lo que pueda hacer, porque ese es el procedimiento más seguro. Dejar que Dios pelee nuestras batallas no nos deja pasivos e inactivos, sino que nos asegura que no necesitamos estar estresados intentando hacer cosas que no podemos hacer o no sabemos cómo hacer. ¡Dios peleará por nosotros!

El mal no es culpa de Dios

Muchas personas dicen que la razón por la que no pueden creer o no creerán en Dios es porque ven que hay mucha maldad en el mundo. Su razonamiento es que, si Dios fuera bueno como la gente dice que es, no permitiría el hambre, los asesinatos, la violencia, la drogadicción, la mendicidad y otras cosas igualmente malas que vemos a nuestro alrededor o en las noticias cada día. Mi pregunta es: ¿Estamos esperando que Dios resuelva todos estos problemas, o está esperando Él que lo hagamos nosotros? Pensemos en esta historia:

Cierto predicador y un peluquero ateo estaban una vez caminando por los barrios bajos de la ciudad.

El peluquero le dijo al predicador: "Por esto no puedo creer en un Dios de amor. Si Dios fuera bueno como usted dice, no permitiría toda esta pobreza, enfermedad y suciedad. No permitiría que estos pobres vagabundos fueran adictos a la droga y otros hábitos que destruyen el carácter. No, no puedo creer en un Dios que permite estas cosas".

El ministro guardaba silencio hasta que se encontraron con un hombre que estaba especialmente despeinado y sucio. Su cabello le cubría todo el cuello, y tenía una barba de un par de centímetros.

El ministro dijo: "Seguro que usted no es un buen peluquero, porque de lo contrario no permitiría que un hombre así siguiera viviendo en este vecindario sin un corte de cabello y un afeitado".

El peluquero respondió con un grado de indignación: "¿Por qué me culpa a mí de la condición de ese hombre?

No es culpa mía que él vaya así. Nunca ha venido a mi peluquería. ¡Yo podría haberle arreglado y hacerle parecer un caballero!".

Echándole al peluquero una mirada penetrante, el ministro le dijo: "Entonces no culpe a Dios por permitir que la gente siga en sus caminos de maldad, cuando los está invitando continuamente a acudir a Él para ser salvos".

Tomado y traducido de "El predicador y el peluquero ateo", sermonillustrator.org

Podemos ver fácilmente con esta historia que la mayoría de los problemas del mundo se podrían resolver si tan solo las personas con problemas hicieran lo que podrían hacer, o si otras personas que están orando por ellos hicieran lo que podrían hacer. Tenemos muchos problemas en nuestro mundo hoy. De hecho, hay tantos problemas que admito que parecen abrumadores, pero quizá de todos nuestros problemas el mayor sea no hacer lo que podemos hacer. No podemos hacerlo todo, pero debemos negarnos a no hacer nada.

Y al que sabe hacer lo bueno, y no lo hace, le es pecado.

Santiago 4:17

CAPÍTULO 3

La batalla es del Señor

No temáis ni os amedrentéis delante de esta multitud tan grande, porque no es vuestra la guerra, sino de Dios.

2 Crónicas 20:15

Una gran multitud llegaba contra el rey Josafat y todo Judá. Cuando el rey oyó el reporte sobre este ataque, tuvo miedo. Esa es una respuesta normal cuando escuchamos malas noticias, pero no tiene que ser nuestra respuesta definitiva. Sin importar cuán malo sea el reporte, si recordamos que Dios está de nuestro lado podemos pasar rápidamente del miedo a la fe.

En cuanto Josafat oyó el informe y se amedrentó, decidió buscar al Señor; no solo buscarlo, sino hacerlo con fervor, ya que él "humilló su rostro" (ver 2 Crónicas 20:3). También proclamó un ayuno en todo Judá. No malgastó el tiempo para empezar a buscar a Dios seriamente.

Me encanta esta historia del segundo libro de Crónicas, porque nos enseña muchas lecciones, una de las cuales es que cuando la batalla es más de lo que podemos manejar, Dios nos dice que no tenemos que desmayar, porque la batalla es suya y no nuestra.

Vemos claramente en esta historia el principio sobre el que estoy escribiendo; es decir, que deberíamos hacer lo que podemos hacer y dejar que Dios haga lo que nosotros no podemos. Josafat no podía ganar la batalla, porque se habían juntado demasiados grupos de personas para derrotarlos a él y a Judá. Buscar a Dios era algo que él podía hacer, y no perdió tiempo para empezar a hacerlo. Buscó a Dios diligentemente y seriamente, como su necesidad vital. Cuando consideramos que algo es vital, por lo general, significa que no podemos vivir sin ello. Josafat sabía que su destino era la derrota, a menos que Dios le mostrara qué hacer.

El pueblo se juntó y buscaron la ayuda de Dios. Según 2 Crónicas 20:4, le pidieron socorro. Cuando leemos esto, podemos sentir su desesperación y la profundidad de su consciencia de que, sin Dios, no tenían manera alguna de ganar la batalla.

Otra cosa que el rey Josafat podía hacer, y que hizo, fue darle gloria a Dios por su poder y majestad, y confesar que nadie podía hacerle frente (ver 2 Crónicas 20:6). Deberíamos seguir este ejemplo de buscar a Dios y darle alabanza por todas sus maravillosas obras. Tristemente, muchos de nosotros que tememos cuando recibimos malas noticias, comenzamos en cambio a verbalizar nuestro temor o decepción. Nos quejamos, y quizá llamamos a nuestros amigos o a nuestro pastor para pedir consejo. Esto no es lo que hizo Josafat, y no es lo que nosotros deberíamos hacer tampoco. Nuestra primera respuesta a cualquier problema debería ser buscar a Dios mientras simultáneamente le damos alabanza por su grandeza.

Después, Josafat le recordó a Dios que en el pasado Él había expulsado a estos mismos enemigos y le había dado a su pueblo Israel la tierra. De hecho, le recordó a Dios que Él se la había dado para siempre a los descendientes de Abraham (ver 2 Crónicas 20:7). Dijo que habían vivido en la tierra y allí le habían construido un santuario en su nombre.

También le recordó las veces que ellos habían estado ante el santuario, confesando: "Si mal viniere sobre nosotros, o espada de castigo, o pestilencia, o hambre, nos presentaremos delante de esta casa, y delante de ti (porque tu nombre está en esta casa), y a causa de nuestras tribulaciones clamaremos a ti, y tú nos oirás y salvarás" (2 Crónicas 20:9).

Espero que esté viendo la sabiduría que utilizó Josafat al acercarse a Dios. Aún no había hecho petición alguna pidiendo ayuda para su problema, sino que buscó a Dios, ayunó, dio alabanza y le recordó a Dios que Él les había dado la tierra. Solo después de hacer todo eso mencionó su problema. Pero de nuevo le recordó a Dios que no permitió que Israel invadiese esas naciones cuando salieron de Egipto, y ahora sus enemigos les estaban "recompensando" al llegar para expulsarlos de la tierra que Dios les había dado como herencia (ver versículos 10-11).

Me sigue asombrando la sabiduría del modo en que Josafat habló con Dios y le presentó su problema. Le dijo a Dios respetuosamente que el problema era de Él: en primer lugar, Dios les había dado la tierra. En segundo lugar, Dios no dejó que ellos destruyeran a esos mismos enemigos cuando podían haberlo hecho. Y, en tercer lugar, la tierra y sus habitantes le pertenecían a Dios igualmente.

Admita una total dependencia de Dios

Lo siguiente que hizo Josafat fue muy poderoso, y es algo que todos tenemos que hacer en tiempos de batalla. Él admitió una dependencia total y completa de Dios.

> ¡Oh Dios nuestro! ¿no los juzgarás tú? Porque en nosotros no hay fuerza contra tan grande multitud que viene contra nosotros; no sabemos qué hacer, y a ti volvemos nuestros ojos.
>
> 2 Crónicas 20:12

Jesús dice que separados de Él no podemos hacer nada (ver Juan 15:5), y cuanto antes aprendamos esta verdad, más batallas ganaremos. Él es la Vid y nosotros somos los pámpanos, y ningún pámpano puede sobrevivir mucho si se separa de la Vid, que es su fuente de vida. Creo que es sabio verbalizar nuestra dependencia de Dios varias veces al día. "Dios, te necesito. No soy nada sin ti, y no puedo hacer nada sin ti". Estas confesiones son poderosas, que agradan a Dios y nos recuerdan la posición que le pertenece a Él en nuestra vida, que es la primera. ¡Dios guía y nosotros seguimos! Nada funciona si se invierte ese orden.

> ¡Dios guía y nosotros seguimos! Nada funciona si se invierte ese orden.

Después de que el pueblo declaró que sus ojos estaban puestos en Dios, ¡esperaron!

> Y todo Judá estaba en pie delante de Jehová, con sus niños y sus mujeres y sus hijos.
>
> 2 Crónicas 20:13

La Escritura no nos dice cuánto tiempo esperaron, pero creo que estaban preparados para esperar todo lo que Dios tardara en hablarles, porque sabían que sin Él estarían derrotados. ¿Cuánto tiempo está usted dispuesto a esperar en Dios para recibir instrucciones claras de Él? Creo que Dios conoce nuestro corazón, y si estamos decididos a no movernos sin su dirección, podemos estar seguros de que llegará en el momento justo.

Mientras esperaban, el Espíritu de Dios descendió sobre Jahaziel y dijo: "Oíd, Judá todo, y vosotros moradores de Jerusalén, y tú, rey Josafat. Jehová os dice así: No temáis ni os amedrentéis delante de esta multitud tan grande, porque no es vuestra la guerra, sino de Dios" (2 Crónicas 20:15).

¿Se imagina el alivio que sintieron cuando Dios habló a través de Jahaziel? Estoy segura de que la emoción se extendió por la multitud que había estado esperando oír de Dios. Quizá se preguntaron qué significaba exactamente el mensaje. ¿Había algo que Dios quería que hicieran, o debían seguir allí parados? ¿Quizá debían volver a sus hogares? Tenían que estar preguntándose qué pasaría después, y Dios se lo dijo.

Dijo que saldrían contra el enemigo mañana, y les dijo exactamente dónde los encontrarían. Después dijo estas palabras cruciales:

> No habrá para qué peleéis vosotros en este caso; paraos, estad quietos, y ved la salvación de Jehová con vosotros. Oh Judá y Jerusalén, no temáis ni desmayéis; salid mañana contra ellos, porque Jehová estará con vosotros.
>
> 2 Crónicas 20:17

Esto parece un tanto extraño. Les dijeron que salieran contra sus enemigos, pero también les dijeron que no tendrían que luchar. En este versículo, Dios dijo algo más de mucha importancia, lo cual no queremos pasar por alto. Dijo: "Paraos, estad quietos". El pueblo obviamente sabía cuál debía ser su posición, porque el siguiente versículo dice: "Entonces Josafat se inclinó rostro a tierra, y asimismo todo Judá…se postraron delante de Jehová, y adoraron a Jehová. Y se levantaron los levitas de los hijos de Coat y de los hijos de Coré, para alabar a Jehová el Dios de Israel con fuerte y alta voz" (2 Crónicas 20:18-19).

Algunos se postraron y adoraron mientras otros se quedaron de pie y alabaron con alta voz. En esta ocasión, ¡su posición en la batalla era de alabanza y adoración! Tenían algo que hacer, pero quizá fue un poco distinto de lo que normalmente hubieran hecho en una batalla.

J. Oswald Sanders, en su libro *Disfrutemos de intimidad con Dios*, citó a John R. W. Stott, quien dijo: "Los evangélicos no sabemos mucho sobre adoración. El evangelismo es nuestra especialidad, no la adoración. Tenemos poca sensación de la grandeza del Dios Todopoderoso. Tendemos a ser engreídos, arrogantes y orgullosos. Y nuestras reuniones de adoración a menudo son muy preparadas, descuidadas, mecánicas, superficiales y aburridas... Gran parte de nuestra adoración pública es ritualista y no tiene realidad, es forma sin poder, religión sin Dios" (Grand Rapids, MI: Discovery House, 2000, p. 23).

J. Oswald Sanders mismo dijo: "La adoración es simplemente la contemplación de Dios" (ibíd.). Hay tiempo para nuestras peticiones, pero durante la adoración no pedimos nada. Simplemente nos enfocamos en Dios y en lo asombrosamente maravilloso que Él es. Cuando tenemos un problema, nuestra primera respuesta es más que probable que sea pedir a Dios que nos ayude con nuestro problema. Pero el rey Josafat no hizo eso.

Tras adorar, Josafat recordó al pueblo que creyera y confiara en Dios, que creyera y confiara en sus profetas, y tendrían éxito (ver 2 Crónicas 20:20). A veces simplemente nos tienen que recordar que sigamos confiando en Dios. Quizá algunas de las personas tenían tanto miedo que les costaba creer, así que el rey les recordó que se mantuvieran fuertes en la fe todo el tiempo que durara su situación. Lo mismo ocurre con nosotros cuando enfrentamos batallas. Puede que no siempre entendamos por qué Dios aborda nuestra necesidad como lo está haciendo, pero nuestra parte es seguir confiando en Él.

Después, el rey Josafat consultó con el pueblo y "puso a algunos que cantasen y alabasen a Jehová, vestidos de ornamentos sagrados, mientras salía la gente armada, y que dijesen: Glorificad a Jehová, porque su misericordia es para siempre" (2 Crónicas 20:21).

Estas instrucciones eran muy concretas: tenían que vestirse adecuadamente, y tenían que pronunciar palabras concretas. Intente visualizar un cuadro mental de cómo debieron haber visto esto los enemigos de Judá: ellos estaban listos para una batalla feroz, un conflicto militar, y lo que veían era a Josafat postrando su rostro en tierra en adoración y a todos los habitantes de Judá haciendo lo mismo. La gente estaba alabando a Dios con alta voz y los cantores estaban cantando, dando gracias a Dios por su misericordia y bondad, la cual es para siempre.

En el resto de la historia descubrimos que el Señor provocó que una confusión descendiera sobre el enemigo y de hecho comenzaron a matarse entre ellos. Siguieron haciéndolo hasta que todos murieron. El enemigo se aniquiló a sí mismo. Cuando los hombres de Judá fueron a la torre de vigilancia, vieron todos los cuerpos muertos que yacían en el suelo. Ninguno escapó (ver 2 Crónicas 20:22-24).

Su campo de batalla se convierte en su lugar de bendición

Para mí, el final de esta historia es una de las mejores partes. Josafat y su pueblo fueron a la batalla para tomar el botín de guerra. Esto significa que tomaron lo que quedó de las armas de sus enemigos, equipamiento, vestidos, bienes y otros enseres de valor. Había tanto que recoger que tardaron tres días en hacerlo. Al cuarto día cambiaron el nombre al lugar donde se produjo la batalla llamándolo el Valle de Beraca, que significa "valle de la bendición".

> *Su campo de batalla literalmente se convirtió en su lugar de bendición.*

Su campo de batalla literalmente se convirtió en su lugar de bendición. Muchos de nosotros podemos hacer esa misma declaración con respecto a las batallas que hemos peleado. Hemos pasado por cosas que terminaron haciéndonos más fuertes en la fe o más maduros espiritualmente que antes de ellas. Puedo preguntar a cualquier audiencia ante la que hablo: "¿Cuántos de ustedes dirían que han mejorado por medio de las batallas que han luchado?", y sin lugar a duda, casi todas las manos se levantan.

¿Está preparado para que su campo de batalla se convierta en un valle de bendición para usted? A medida que aprende a vivir en la realidad de que sus batallas son del Señor, comenzará a suceder.

Aparte de cualquier otra cosa que Dios pueda decirnos que hagamos durante la batalla, siempre podemos ser regulares en nuestra adoración y alabanza, y siempre podemos ser agradecidos. Nuestros problemas nunca indican que Dios no sea bueno. Él es bueno siempre y eso nunca cambiará. Una sencilla verdad a recordar es esta: Dios es bueno, ¡y el diablo es malo!

La adoración gana las batallas

La adoración llega más lejos que la petición. No le pide nada a Dios; no está ocupada con la necesidad o el problema del adorador, sino que está enfocada solamente en Dios. La adoración es un acto de dar reverencia y honor a Dios. Es postrar lo más hondo de nuestro espíritu ante Él en la más profunda humildad. En el momento de la adoración estamos plenamente conscientes de que

Dios lo es todo, que nosotros no somos nada, y que no podemos hacer nada sin Él. La adoración nos lleva a un nivel más profundo de intimidad con Dios.

La palabra *adoración* significa "postrarse o inclinarse". Creo que esto se puede y se debe hacer tanto con el corazón como con el cuerpo físico. Podemos adorar en nuestro corazón, aunque estemos en un lugar donde postrarnos o inclinarnos no sea apropiado.

La adoración puede ser incluso sin palabras, como indica el Salmo 62:5: "Alma mía, en Dios solamente reposa, porque de él es mi esperanza". La adoración puede consistir en una sola palabra, como por ejemplo *Padre. Jesús. Maestro.*

Hemos visto que la adoración fue el factor decisivo en la batalla de Josafat. También fue el punto de inflexión en una batalla que podemos leer en Éxodo, cuando Israel se enfrentó a Amalec y su pueblo en Refidim. En esa historia, Moisés le dijo a Josué que escogiera hombres para salir y pelear contra ellos y dijo que él estaría de pie en la cima del monte con la vara de Dios en su mano. Mientras Moisés mantenía su mano en alto (indicando adoración), Israel prevalecía. Cuando bajaba su mano por el cansancio, Amalec prevalecía. Cuando Moisés se cansó, sus hombres lo sentaron en una piedra y sostenían arriba sus manos.

> Y las manos de Moisés se cansaban; por lo que tomaron una piedra, y la pusieron debajo de él, y se sentó sobre ella; y Aarón y Hur sostenían sus manos, el uno de un lado y el otro de otro; así hubo en sus manos firmeza hasta que se puso el sol. Y Josué deshizo a Amalec y a su pueblo a filo de espada.
>
> Éxodo 17:12-13

Recordemos lo que hemos aprendido de la historia de Josafat y el pueblo de Judá, y la historia de Moisés y los israelitas luchando contra Amalec, la próxima vez que estemos ante un enemigo y necesitemos la ayuda de Dios:

- Busque a Dios antes de cualquier cosa o persona.
- Adórelo y alábelo.
- Recuerde otras victorias que Dios le haya dado.
- Admita su total dependencia de Dios.
- Manténgase fuerte en la fe, manteniendo sus ojos en Dios en espera de la respuesta que necesita.
- Espere a que Dios le hable o le dé dirección.
- Y sea lo que sea que Dios le diga, ¡hágalo!

Si Dios le da algo para hacer, hágalo. Si le guía a adorar, sea obediente en hacerlo. La clave para ganar nuestras batallas, o dejar que Dios pelee nuestras batallas, no es no hacer nada; es *no* pasar a la acción por nuestra propia cuenta sin consultar y recibir de Él las instrucciones.

CAPÍTULO 4

Elimine el temor

Si quiere vencer el temor, no se siente en casa y piense en ello.
Salga y manténgase ocupado.

Dale Carnegie

El hecho de que muchos de los grandes hombres y mujeres de los que leemos en la Biblia lidiaran con el temor no impidió que Dios les diera algo que hacer. Y no debemos quedarnos sentados y ver el mundo pasar solo porque sintamos temor. Dios nos ha dado fe, y eso es lo que usamos para vencer el temor. Podemos sentir temor y aun así salir y hacer grandes cosas por fe.

Nunca reciba el consejo de sus temores

Durante la Segunda Guerra Mundial, un gobernador militar se reunió con el General George Patton en Sicilia. Cuando elogió a Patton por su valor y coraje, el general respondió: "Señor, yo no soy un hombre valiente...La verdad es que soy un completo cobarde. En toda mi vida, nunca he podido oír el sonido de los tiros o ver la batalla sin que estuviera tan asustado que me sudaran las palmas de las manos".

Años después, cuando se publicó la autobiografía de Patton, contenía esta significativa frase del general:

"Aprendí muy temprano en mi vida a no dejarme aconsejar por mis temores".

Fuente anónima

> El temor nunca dejará de intentar hablarnos, pero no tenemos que recibir el consejo de nuestros temores.

El temor nunca dejará de intentar hablarnos, pero no tenemos que recibir el consejo de nuestros temores. Reconozca su temor como lo que es: el diablo intentando impedirle hacer lo que cree que debería hacer.

Ester

Ester es una mujer joven acerca de la que leemos en la Biblia, a quien pidieron hacer algo fuera de su zona de comodidad, algo que ciertamente ella no esperaba. Cuando Ester recibió sus instrucciones de Dios a través de su tío Mardoqueo, tenía miedo de que la mataran si hacía lo que le estaban pidiendo hacer. Su tío no se compadeció de ella ni la libró de su obligación, sino que le dijo que tenía la oportunidad de ayudar a su pueblo y que, si no lo hacía, Dios encontraría a otra persona. Por fortuna, ella superó sus temores e hizo lo que le pidieron, y terminó salvando a su nación. (Lea el libro de Ester para conocer la historia completa).

¿Cuántas oportunidades de hacer grandes cosas nos perdemos por escuchar a nuestros temores en lugar de escuchar a Dios?

Moisés

Otro ejemplo lo encontramos en Números 13, cuando Moisés envió doce espías a la tierra de Canaán para ver cuán difícil podría ser la batalla para tomar la tierra para los israelitas. Quería que esos hombres evaluaran, "y observad la tierra cómo es, y el pueblo que la habita, si es fuerte o débil, si poco o numeroso; cómo es la tierra habitada, si es buena o mala; y cómo son las ciudades habitadas, si son campamentos o plazas fortificadas" (Números 13:18-19). Moisés también dijo a los espías que tomaran algunos frutos de la tierra.

Cuando los espías regresaron después de cuarenta días, dijeron a Moisés que la tierra sin duda fluía leche y miel, y el fruto era abundante. También dijeron: "Mas el pueblo que habita aquella tierra es fuerte, y las ciudades muy grandes y fortificadas; y también vimos allí a los hijos de Anac" (Números 13:28). Caleb les dijo a los hombres que mostraban temor que se callaran, y sugirió subir y tomar posesión de la tierra porque estaba seguro de que la conquistarían. Todos los hombres, con la excepción de Josué, dijeron de inmediato: "No podremos subir contra aquel pueblo, porque es más fuerte que nosotros" (Números 13:31).

Si queremos usar este relato para formar una opinión sobre el porcentaje de personas que tienen temor comparado con las que no lo tienen, podemos ver fácilmente que los temerosos superan por mucho a los valientes. No podemos esperar para actuar hasta que no sintamos temor alguno, o es probable que no hagamos nada en absoluto. Las personas valientes sienten el temor y aun así siguen adelante. La pregunta que hagamos jamás debería ser "¿Tengo miedo?", sino "¿Qué me está pidiendo Dios que haga?".

Nunca importa lo que no tenemos a nuestro favor o incluso que seamos una insignificante minoría. La victoria depende de Dios, ¡no de nuestras circunstancias! A veces, Dios nos pondrá en una posición en la que es imposible que venzamos sin Él, solo para asegurarse de que no recibamos el mérito de la victoria.

Un ejemplo excelente de esto lo encontramos en la historia de Gedeón.

Gedeón

En Jueces 6 leemos: "Los hijos de Israel hicieron lo malo ante los ojos de Jehová; y Jehová los entregó en mano de Madián por siete años" (v. 1). Vivían en cuevas y bastiones en las montañas, y cuando las cosechas estaban listas, los madianitas las destruían. Se llevaban las ovejas, los bueyes y los burros de los israelitas, y los derrotaban sin importar lo que ellos intentaran hacer. Finalmente, como estaban tan empobrecidos y desesperados, los israelitas clamaron al Señor.

Así que Dios envió a un profeta a los israelitas para decirles que Él les ayudaría. ¿No es asombroso el hecho de que no importa cuántas veces Israel se rebeló contra Dios, Él siempre acudió a rescatarlos cuando clamaban a Él y estaban listos para arrepentirse? Él hará lo mismo con nosotros.

Casi a la vez que Dios envió al profeta, envió también un ángel que visitara a Gedeón. El ángel le dijo: "Jehová está contigo, varón esforzado y valiente" (Jueces 6:12). Dios veía a Gedeón como un hombre valiente y poderoso, pero Gedeón se veía a sí mismo como débil e inepto (ver vv. 11-18). Es importante destacar que no importa cuántas cosas grandes haya preparado Dios para nosotros, a menos que aprendamos a caminar en fe en lugar de temor, nunca haremos ninguna de ellas.

A pesar de la visitación angelical, Gedeón no estaba convencido y dijo: "Ah, señor mío, si Jehová está con nosotros, ¿por qué nos ha sobrevenido todo esto? ¿Y dónde están todas sus maravillas, que nuestros padres nos han contado, diciendo: ¿No nos sacó Jehová de Egipto? Y ahora Jehová nos ha desamparado, y nos ha entregado en mano de los madianitas" (v. 13). Una vez más, el Señor le respondió a Gedeón que fuera en la fuerza que tenía y salvara a Israel de la mano de Madián. Dios dijo: "¿No te envío yo?" (ver v. 14).

La respuesta de Gedeón muestra claramente que estaba culpando a Dios del problema de los israelitas, y era temeroso en vez de valiente. Dios veía lo que él era capaz de hacer, pero Gedeón había vivido con temor durante tanto tiempo que era totalmente inconsciente de sus habilidades y del hecho de que Dios estaba con él. Procedió a enumerar las razones por las que no era capaz: "He aquí que mi familia es pobre en Manasés, y yo el menor en la casa de mi padre" (v. 15).

El Señor le respondió: "Ciertamente yo estaré contigo, y derrotarás a los madianitas como a un solo hombre" (v. 16). Gedeón continuó y pidió una señal que demostrara que Dios pretendía librar a Israel por medio de él.

> "He aquí que yo pondré un vellón de lana en la era; y si el rocío estuviere en el vellón solamente, quedando seca toda la otra tierra, entonces entenderé que salvarás a Israel por mi mano, como lo has dicho. Y aconteció así, pues cuando se levantó de mañana, exprimió el vellón y sacó de él el rocío, un tazón lleno de agua. Mas Gedeón dijo a Dios: No se encienda tu ira contra mí, si aún hablare esta vez; solamente probaré ahora otra vez con el vellón. Te ruego que solamente el vellón quede seco, y el rocío sobre la tierra. Y aquella noche lo hizo Dios así; sólo el vellón quedó seco, y en toda la tierra hubo rocío".
>
> Jueces 6:37-40

Después de ver estas cosas, Gedeón estuvo listo para obedecer a Dios, pero Dios le dijo que había demasiadas personas con él para poder darles la victoria, porque Israel se enorgullecería de sí mismo, diciendo: "Mi mano me ha salvado" (ver Jueces 7:2). Dios le dijo a Gedeón que les dijera a todos los que tuvieran miedo que regresaran a casa. Veintidós mil hombres se fueron y diez mil se quedaron.

Después de que el ejército se redujo a diez mil, Dios le dijo a Gedeón que aún eran demasiados hombres luchando con él, y preparó otra prueba para los diez mil que quedaron. Nueve mil setecientos hombres fallaron la prueba, y eso dejó a Gedeón con un ejército de solo trescientos hombres. Pero Dios le aseguró a Gedeón que Él lo rescataría y les entregaría a los madianitas. Dios no necesitaba un ejército enorme para salvar a los israelitas de los madianitas. A Dios no le importa si salva con muchos o con pocos, porque no es nuestra fuerza lo que nos salva; es nuestra fe en Él.

Finalmente, los trescientos hombres fueron divididos en tres grupos. Cada uno llevaba una trompeta en una mano y una vasija con una antorcha dentro en la otra. Esto no les dejaba ninguna mano libre para poder empuñar sus armas. Mediante un sueño que Dios le dio a un hombre en el campamento madianita, Gedeón recibió instrucciones sobre cómo iba a derrotar a este ejército, y se lo contó a los otros trescientos hombres. Tenían que romper las vasijas y levantar la antorcha en una mano y tocar la trompeta con la otra mano. Al mismo tiempo gritarían: "¡Una espada por el Señor y también por Gedeón!" (v. 20, NTV).

Hay mucho más en esta historia, que puede leer por usted mismo, pero el resumen es que Gedeón y los israelitas tuvieron una victoria completa cuando hicieron lo que Dios les mandó hacer. Dejaron de lado sus propios planes y permitieron que Dios peleara sus batallas haciendo simplemente lo que Él había mandado. Aunque lo que Dios les mandó hacer quizá no tenía ningún sentido para su mente lógica, ¡funcionó! Los planes de Dios siempre funcionan.

Siempre que parezca que Dios le ha puesto en una posición donde no hay forma en la que pueda ganar sus batallas, acuérdese de Gedeón y avance, aunque sienta temor, sabiendo que la verdadera batalla es del Señor.

David le declaró al Señor: "En el día que temo, yo en ti confío" (Salmos 56:3). Me encanta este versículo porque David no se molestaba en intentar esconder su temor. Él lo admite, y obviamente cree que su temor no establece ninguna diferencia mientras mantenga su confianza en Dios.

Recuerde que Josafat sintió miedo cuando supo sobre sus enemigos, pero de inmediato se dispuso a buscar a Dios. Cuando el temor llame a su puerta, envíe a la fe a abrir la puerta. El temor es un sentimiento que solo tiene el poder que nosotros le damos. Puede sentir temor y aun así hacer lo que sabe que tiene que hacer, incluso aunque lo "haga con temor".

> *Puede sentir temor y aun así hacer lo que sabe que tiene que hacer, incluso aunque lo "haga con temor".*

Entregue a Dios lo que usted no tiene

Quizá se está rascando la cabeza, confundido, mientras lee el título de esta sección, pensando: *¿Cómo puedo entregarle a Dios lo que no tengo?* Sin duda, deberíamos por fe darle a Dios lo que sí tenemos. Nuestros talentos, habilidades, finanzas o fortalezas se las deberíamos ofrecer a Dios en fe para que Él los use, pero estas cosas no son las que nos impiden dejar que Dios nos use. Lo que nos detiene son las cosas que pensamos que no tenemos y no podemos hacer. Son nuestros déficits lo que nos deja temerosos e inactivos. Esas son las cosas que tenemos que entregar a Dios, dándonos cuenta de que cuando rendimos a Dios nuestras debilidades, su fuerza puede fluir a través de ellas.

Cuando Pablo estaba lidiando con sus propias debilidades, aprendió esta lección, y nosotros también tenemos que aprenderla.

> Y me ha dicho: Bástate mi gracia; porque mi poder se perfecciona en la debilidad.
>
> 2 Corintios 12:9

> Porque cuando soy débil, entonces soy fuerte.
>
> 2 Corintios 12:10

Cuando Dios me llamó a enseñar su Palabra, mis primeros argumentos fueron: "No sé cómo hacerlo", y: "Soy una mujer, y las mujeres no hacen eso". Era 1976, y en la denominación de la iglesia a la que asistíamos en ese entonces, las mujeres solo podían enseñar la Palabra de Dios a los niños.

"No tengo a nadie que me ayude" era otra de las excusas que puse. También dije: "No tengo la educación académica adecuada, y no he estudiado en un seminario".

"No tengo dinero", continué. De hecho, tenía una lista bastante larga de cosas que pensaba que me descalificaban, pero Dios seguía asegurándome en mi corazón que Él podía hacer cualquier cosa que yo no pudiera, y que lo único que tenía que hacer era empezar a dar un paso detrás de otro hacia lo que Él me estaba pidiendo hacer. ¡Ciertamente yo tenía miedo! Estoy hablando de ese tipo de temor que te hace temblar. Pero, de algún modo, encontré el valor para dar un paso e invitar a unas pocas personas a un estudio bíblico que iba a enseñar. Para mi gran sorpresa, todos accedieron a asistir.

Debo admitir que, en lo natural, no sabía lo que estaba haciendo, pero comencé en el primer capítulo del Evangelio de Juan. Aunque no recuerdo ni una palabra de lo que dije, debió estar ungido por Dios, porque la gente regresó la semana siguiente y todas las semanas después durante cinco años más.

Aunque no tengamos mucho en lo natural, con Dios a nuestro lado lo único que necesitamos es su presencia y un poco de valentía. Le insto a no dejar que el temor le robe su destino. Nunca sabrá lo que es capaz de hacer hasta que no dé un paso adelante y lo descubra. Luchará muchas batallas, porque su enemigo, el diablo, no se quedará quieto fácilmente. Él se opondrá en cada paso de su camino, pero Aquel que es mayor (Dios) vive en usted y es mayor que el que viene contra usted (ver 1 Juan 4:4).

Esta historia es un ejemplo de lo que estoy hablando.

Un día, en las planicies de África, un joven búfalo llamado Walter se acercó a su papá y le preguntó si había algo de lo que debía tener miedo.

"Solo de los leones, hijo", respondió su papá.

"Oh, sí, ya he oído acerca de los leones. Si alguna vez veo uno, me daré la vuelta y correré lo más rápido que pueda", dijo Walter.

"No, eso es lo peor que puedes hacer", dijo el gran macho.

"¿Por qué? Son malos e intentarán matarme".

El papá sonrió y explicó: "Walter, si sales corriendo, los leones te perseguirán y te alcanzarán. Y cuando lo hagan, se lanzarán sobre tu espalda desprotegida y te derribarán".

"Entonces ¿qué es lo que tengo que hacer?", preguntó Walter.

"Si alguna vez ves un león, quédate donde estás para demostrarle que no tienes miedo. Si no se aleja, enséñale tus afilados cuernos y patea el suelo con tus pezuñas. Si eso tampoco funciona, muévete lentamente hacia él. Si eso no funciona, carga contra él ¡y embístelo con todas tus fuerzas!".

"Eso es una locura, tendré demasiado miedo para hacer eso. ¿Y si el león me ataca como respuesta?", dijo el joven búfalo sorprendido.

"Mira a tu alrededor, Walter. ¿Qué ves?".

Walter miró a su alrededor al resto de su manada. Había unas doscientas bestias enormes, todas ellas armadas con afilados cuernos y hombros enormes.

"Si alguna vez tienes miedo, recuerda que nosotros estamos aquí. Si te entra el pánico y huyes de tus temores no podremos salvarte, pero si cargas contra ellos estaremos justo detrás de ti".

El joven búfalo respiró profundamente y asintió.

"Gracias papá, creo que lo entiendo".

Todos tenemos leones en nuestro mundo.

Hay aspectos de la vida que nos asustan y nos hacen querer salir huyendo, pero si lo hacemos, nos perseguirán y nos derribarán, y acabarán con nuestra vida. Nuestros pensamientos quedarán dominados por las cosas que nos dan miedo y nuestras acciones serán tímidas y cautelosas, sin permitirnos alcanzar todo nuestro potencial.

Santiago 4:7 dice: "Resistid al diablo, y huirá de vosotros".

Así que haga frente a sus temores.

Demuéstreles que no tiene miedo.

Demuéstreles cuán poderoso es usted realmente.

Y corra hacia ellos con valor y osadía, sabiendo que le estamos apoyando y animando.

"El joven búfalo: Una historia sobre hacer frente a sus temores", betterlifecoachingblog.com

22 de marzo, 2013

Recuerde siempre que Dios y todos sus poderosos ángeles están con usted, y ellos pelearán por usted si decide quedarse a defender su posición en lugar de huir por temor.

El arma favorita de Satanás

Satanás usa muchas armas contra nosotros con la esperanza de impedir que seamos todo lo que Dios quiere que seamos y tengamos todo lo que Dios quiere que tengamos. Creo que, de todas ellas, el temor es su favorita y la que usa con más frecuencia.

El temor tiene muchos familiares que también tenemos que mantener a raya, cosas como duda, inseguridad, preocupación y ansiedad. Se presentan de distintas formas, pero todas están conectadas con el temor. Cuide los pensamientos que vienen a su mente que comienzan con un "no puedo" o "no soy". Satanás está ocupado intentando decirnos lo que no somos y lo que no podemos hacer, pero no tenemos que escucharlo. Si conocemos la Palabra de Dios, podemos encontrar lo que podemos hacer a través de Él y quiénes somos en Él.

> *Cuide los pensamientos que vienen a su mente que comienzan con un "no puedo" o "no soy".*

Satanás es siempre negativo y drena nuestra energía, pero Dios es positivo y sus pensamientos nos llenan del valor y la energía para hacer lo que tenemos que hacer. Satanás nos dirá lo que no podemos hacer y después nos condena cuando intentamos algo y fallamos. Dios nos dirá que lo intentemos, y si fallamos, podemos volver a intentarlo una y otra vez. Nunca fallamos a menos que dejemos de intentarlo y nos rindamos.

CAPÍTULO 5

Plenamente seguro

Oh Dios, te alabamos por guardarnos hasta este día,
y por la plena seguridad de que tú nunca nos soltarás.

Charles Spurgeon

La Biblia nos enseña que debemos acercarnos a Dios con plena certidumbre de fe (ver Hebreos 10:22), pero Satanás trabaja incansablemente para robar nuestra certidumbre y hacernos dudar y sentir inseguros, no solo con respecto a nuestra salvación, sino también sobre muchas otras cosas.

Se nos dice que tengamos cuidado con las "artimañas" del diablo, y esta falta de certidumbre es una de ellas. Es una forma en la que, con mucha astucia y habilidad, él nos ataca y distrae de nuestro propósito y llamado, y también nos impide disfrutar plenamente de nuestra relación con Dios.

Abraham, mientras esperó durante muchos y largos años a que la promesa de Dios se hiciera realidad en su vida, se mantuvo plenamente seguro de que Dios tenía el poder para hacer lo que había prometido (ver Romanos 4:21). Dios había prometido a Abraham que él y Sara tendrían un hijo biológico, pero ambos sobrepasaban por mucho la edad de tener hijos. Abraham no tenía nada en lo natural en lo que basar su certidumbre, pero tenía una fe firme en Dios, y por eso no se desesperó. Finalmente recibió la plena manifestación de su fe, ¡exactamente lo que estaba esperando de

Dios! Deberíamos recordar siempre que, para Dios, todo es posible (ver Mateo 19:26).

La completa y plena certidumbre nos permite entrar en el reposo de Dios, lo cual significa que podemos estar en paz y disfrutar plenamente de nuestra vida mientras esperamos a que Dios haga lo que confiamos que hará. Sin embargo, el diablo quiere que estemos ansiosos, preocupados y temerosos. Tan solo piense por unos instantes en cuán maravillosa podría ser su vida si tuviera la plena certidumbre de que Dios oye y responde sus oraciones, que es salvo y que nadie puede arrebatarle de la mano de Dios, que es amado incondicionalmente, y que Dios nunca permitirá que venga sobre usted algo que no pueda soportar (ver 1 Corintios 10:13). Necesitamos la *plena certidumbre*, ¡no solo la certidumbre mezclada con algo de duda! Poner pensamientos de duda en nuestra mente es una de las maneras en que Satanás nos engaña.

Cuando dudamos o sentimos que hemos perdido nuestra certidumbre, raras veces pensamos que el diablo lo ha instigado. En cambio, creemos que somos débiles en la fe, y a menudo nos castigamos por no confiar más en Dios. Esto no es lo mismo que decir que no tenemos responsabilidad alguna en estos asuntos, porque es nuestra responsabilidad reconocer y resistir al diablo. Parte de mi propósito al escribir este libro es ayudar a la gente a saber y reconocer las mentiras del diablo y cómo intenta trabajar en nuestras vidas. Esto nos dará la información que necesitamos para resistirlo.

> Cuando llega la duda, ¿por lo general resiste al diablo recordándole que es un mentiroso?

Cuando llega la duda, ¿por lo general resiste al diablo recordándole que es un mentiroso? ¡Reafirma usted su fe en Dios manteniendo un enfoque firme en las promesas de Dios en su Palabra y declarándolas sobre su vida? ¿O recibe pasivamente los pensamientos de duda y tan solo desea poder ser más fuerte en la fe? Desear es inútil porque no tiene nada en lo que basar sus deseos, mientras que la fe puede descansar en las promesas de Dios.

Tenemos la responsabilidad de resistir la duda, la incredulidad, la pérdida de certidumbre y todas las demás mentiras de Satanás. Si estamos decididos a hacerlo, entonces el Espíritu Santo trabajará con nosotros y nos ayudará a reconocer los ataques del diablo y a lidiar con ellos de forma exitosa. Los cristianos no deben permanecer en duda o incertidumbre. No debemos ser pasivos esperando que vengan cosas buenas de Dios para llenar nuestras vidas mientras no hacemos nada. Debemos pelear la buena batalla de la fe (ver 1 Timoteo 6:12), someternos a Dios y resistir al diablo, y él huirá (ver Santiago 4:7).

El primer ataque de Satanás

Una de las primeras áreas en las que Satanás ataca es la certidumbre de salvación de una persona. Después de que mi padre se arrepintió de sus pecados a la edad de ochenta años y le pidió a Jesús que entrara en su corazón y en su vida, era muy difícil para él creer que verdaderamente había sido perdonado. Sin duda, había vivido una vida reprensible y especialmente malvada, y en el proceso hirió a muchas personas. Teníamos que seguir asegurándole que había sido perdonado, no porque lo mereciera, sino porque Jesús había pagado por sus pecados.

Con mucha frecuencia, cuando asistimos a una iglesia que invita a las personas a acudir al altar al final de la reunión y recibir a Cristo, vemos a algunas de esas mismas personas que acuden una y otra vez, y esto se debe a que no tienen seguridad de salvación. Se enfocan en lo malos que han sido en vez de enfocarse en lo bueno que es Dios. La promesa de Dios para nosotros es esta: "mas cuando el pecado abundó, sobreabundó la gracia" (Romanos 5:20). Las personas a menudo tienen la idea errónea de que cada vez que pecan o se apartan de Dios, aunque solo sea por un día, tienen que volver a ser salvos de nuevo, pero esto es absolutamente falso.

Recuerdo recibir a Cristo cuando tenía nueve años. Visitaba una iglesia con algunos familiares de fuera de la ciudad que nos estaban visitando. En la reunión de la iglesia, le pedí a Jesús que entrara en mi corazón. Experimenté el poder limpiador de Dios y sentí verdaderamente que todos mis pecados habían sido perdonados. Pero al día siguiente, menos de veinticuatro horas después de mi salvación, estaba jugando al escondite con mis primos, y tuve la tentación de hacer trampas y mirar para ver dónde se habían escondido a fin de poder encontrarlos. Sucumbí a la tentación, y me vino el pensamiento de que había perdido mi salvación. Seguí creyendo eso hasta que fui una joven adulta. No tenía ni idea a los nueve años de edad de que el diablo era mi enemigo, un mentiroso, y que fue él quien puso el pensamiento en mi mente para robarme el regalo que Dios me había dado.

El diablo siempre intenta causar confusión, y a menudo lo hace llevando a la gente de un extremo a otro. Quizá hacen una oración de arrepentimiento y se sienten emocionados, pero esos sentimientos finalmente desaparecen. Cuando los sentimientos se han ido, si cometen un error, como perder los nervios o decir una mentira, eso puede hacerles creer que han perdido su salvación. O el diablo puede incluso sugerir que nunca fueron salvos realmente. A menudo nos recuerda nuestros pecados y nos dice que, si fuéramos verdaderamente salvos, ya no nos comportaríamos de una manera pecaminosa.

Ninguno de nosotros ha llegado a la perfección. Estamos

creciendo y madurando espiritualmente cada vez más, pero cometeremos errores por el camino. Cuando pecamos, no significa que no seamos salvos; simplemente significa que necesitamos seguir creciendo.

Jesús les dijo a sus discípulos que ya estaban todos limpios por la Palabra que les había hablado (ver Juan 15:3). ¿Cómo podía ser? A fin de cuentas, Judas lo traicionó, Pedro lo negó, y todos lo decepcionaron cuando más los necesitaba y se durmieron, mientras Jesús sufría en el huerto de Getsemaní.

En mi búsqueda de respuestas a esto, leí a un escritor que decía que la inmadurez espiritual es bastante distinta a la rebeldía. Estoy de acuerdo con él cien por ciento, y creo que esta es una verdad que tenemos que entender plenamente. *Rebeldía* significa que el corazón de una persona está lleno de maldad y pecado, pero la inmadurez espiritual se puede superar poco a poco a medida que el cristiano aprende a conocer la voluntad de Dios y se somete a ella.

Judas mostró arrepentimiento por traicionar a Jesús por treinta monedas de plata, pero no hay evidencia de que realmente se arrepintiera. Tristemente, se quitó la vida. Cayó presa de las sugerencias de Satanás y cometió un error muy grave. Una vez leí una historia sobre Judas que decía que era inseguro y celoso, y podemos ver que eso sería cierto. Él quería una posición más elevada entre los discípulos de la que tenía, y su actitud probablemente abrió la puerta a Satanás para convencerlo de que traicionara a Jesús por algo de dinero. En cambio, Pedro se arrepintió tras su negación de Cristo, así que fue perdonado y Dios siguió usándolo de una forma muy poderosa. Una situación similar ocurrió con el apóstol Pablo, y la misericordia y gracia que Dios le extendió es asombrosa. Pasó años persiguiendo celosamente a los cristianos, pero realmente creía que estaba haciendo lo correcto. Estaba lleno de celo religioso, y más adelante dijo que Dios le dio gracia porque tenía celo sin conocimiento.

Pedro, Pablo y los demás discípulos siguieron creciendo espiritualmente mientras Dios los usaba. Maduramos espiritualmente poco a poco. Mientras ese proceso se está llevando a cabo mejoramos en muchos aspectos, pero seguimos teniendo debilidades con las que lidiar. Permítame decir simplemente que puede seguir disfrutando de usted mismo mientras crece espiritualmente. Dios sabía cada error que usted cometería antes de cometerlo, y le sigue amando de igual manera. No deje que Satanás le convenza de que ha perdido su salvación cuando muestra una conducta inmadura. Sea rápido en arrepentirse y pídale al Espíritu Santo que le ayude a crecer espiritualmente.

> *Puede seguir disfrutando de usted mismo mientras crece espiritualmente.*

La Palabra de Dios promete "que el que comenzó en vosotros la buena obra, la perfeccionará hasta el día de Jesucristo" (Filipenses 1:6). Pablo dijo que, aunque él no había llegado a la perfección que con tanto fervor perseguía, había algo que era de suma importancia para él: dejar atrás sus errores y extenderse a cosas mejores (ver Filipenses 3:13-14). Él sabía que, si permitía que sus errores lo llenaran de culpabilidad y condenación, entonces dejaría de crecer y nunca llegaría a nuevos niveles de madurez espiritual. Lo mismo ocurre con cada uno de nosotros.

Caminar en perdón

Debemos aprender a caminar en un perdón continuo de nuestros pecados. El arrepentimiento diario debería ser parte de nuestras oraciones. El rey David le pidió a Dios que le perdonara por los pecados que desconocía de sí mismo (ver Salmos 19:12), y a menudo yo misma hago eso. Aprendí hace mucho tiempo que era infructuoso para mí vivir con una "conciencia de pecado", siempre intentando estar consciente de cada diminuto error que cometía. Cuando me doy cuenta de que he pecado, me arrepiento al instante. Después, creyendo que he sido perdonada según la promesa de Dios en su Palabra, lo olvido y paso a cosas mejores.

Algunos cristianos me han preguntado qué les ocurriría si murieran antes de haber tenido la oportunidad de arrepentirse de un pecado que cometieron. Habían estado preocupados por poder irse al infierno, pero eso sin duda no es cierto. Jesús ha pagado por todos los pecados que hemos cometido o que cometeremos algún día, y Él conoce nuestro corazón hacia Él. Él sabe si la persona en cuestión se ha arrepentido o no y, por lo tanto, lo da por hecho. Le insto a romper el hábito de vivir la vida cotidiana pensando continuamente en todos sus pecados y errores. Arrepiéntase y reciba perdón, y después déjelos atrás y prosiga a las cosas que están por delante.

Aprenda a vivir con una "conciencia de justicia" en vez de una "conciencia de pecado". Esto significa que mantenemos nuestros pensamientos enfocados en el hecho de que somos justos ante Dios por lo que Jesús ha hecho, y no nos quedamos en lo que hemos hecho mal. Para decirlo de forma sencilla, significa prestar más atención a nuestra justicia que a nuestro pecado. Somos justificados con Dios por nuestra fe en el sacrificio de Jesús. No es necesario hacer ningún otro sacrificio por nuestro pecado. No tenemos que ofrecer a Dios nuestra culpa como un sacrificio por nuestras malas acciones. Simplemente nos arrepentimos y recibimos perdón total, y caminamos con la seguridad de ese maravilloso regalo. Podemos escoger enfocarnos en estar bien con Dios, en vez de pensar que Él está enojado con nosotros por cada error que cometemos y quedarnos en eso.

Justificados, pues, por la fe, tenemos paz para con Dios
por medio de nuestro Señor Jesucristo.

Romanos 5:1

Dígase a diario: "Me he arrepentido de mi pecado y soy justo
delante de Dios. Él me ama incondicionalmente y todos mis pecados son perdonados". Ahora, camine en ese conocimiento de ser
perdonado.

No solo deberíamos caminar en el perdón de Dios hacia nosotros, sino que deberíamos extender ese mismo perdón a los que
nos han ofendido o herido.

Soportándoos unos a otros, y perdonándoos unos a
otros si alguno tuviere queja contra otro. De la manera
que Cristo os perdonó, así también hacedlo vosotros.

Colosenses 3:13

Pregúntese diariamente si está enojado con alguien, y si el
Espíritu Santo le hace consciente de que lo está, entonces decida
en ese mismo momento perdonar por completo. Pida la ayuda
de Dios para hacerlo, y confíe en que Él traerá justicia a su vida.
Ore por sus enemigos, pidiendo que Dios les bendiga, porque esta
es una de las cosas más poderosas que puede hacer. Si Jesús puede
perdonarnos por nuestros muchos pecados, entonces nosotros deberíamos poder perdonar a todos los demás, al margen de lo que
nos hayan hecho para herirnos.

> *Ore por sus enemigos, pidiendo que Dios les bendiga, porque esta es una de las cosas más poderosas que puede hacer.*

El hijo pródigo

Uno de los mayores ejemplos de la Biblia con respecto a la disposición de Dios de perdonar por completo nuestros pecados se encuentra en la parábola que Jesús contó acerca de un hijo que quería recibir ya su herencia para poder irse de casa para hacer lo que quisiera. En su cultura, esta acción era equivalente a decirle a su padre que deseaba que se hubiera muerto. En esos tiempos un hijo *nunca* hablaba de su herencia ni la pedía.

El padre le dio al hijo su herencia, y el joven se fue de casa y malgastó su fortuna viviendo una vida pecaminosa e indisciplinada. Al final se vio obligado a trabajar en una granja de cerdos e incluso a comer la misma comida que comían los cerdos. El joven finalmente entró en razón y decidió volver a casa con su padre. No esperaba que le concedieran los privilegios que tiene un hijo, sino que estaba listo y dispuesto a trabajar como un sirviente en la casa de su padre. Sin embargo, cuando su padre lo vio llegar a lo lejos, ordenó a sus sirvientes que sacaran la túnica más festiva y la mejor, que buscaran un anillo para el dedo del joven y sandalias para sus pies, y que mataran al becerro engordado y prepararan la mejor comida para una celebración especial. Debían hacer preparativos para una celebración, porque su hijo se había perdido y ahora había sido hallado (ver Lucas 15:11-32).

La parte asombrosa de la historia es que el padre ya había decidido perdonar antes incluso de que el joven se arrepintiera. Quizá el padre sabía que su hijo no volvería a casa a menos que se lo propusiera, pero esta idea sigue dando mucho que pensar. Muestra el corazón del padre hacia sus hijos. En vez de planear el castigo del hijo, ¡planeó una fiesta!

Dios quiere que nosotros también vayamos a la fiesta. Especialmente, el Nuevo Testamento está lleno de instrucciones para tener gozo y cómo gozarnos. El gozo debe ser la marca característica de los cristianos. Debemos regocijarnos en nuestra salvación y en el maravilloso plan que Dios tiene para nosotros. Tenemos pruebas y tribulaciones, pero como dijo Pablo, no deberíamos permitir que la dificultad de estas aflicciones momentáneas nos distraiga del gozo que tenemos en Cristo.

> Porque esta leve tribulación momentánea produce en nosotros un cada vez más excelente y eterno peso de gloria; no mirando nosotros las cosas que se ven, sino las que no se ven; pues las cosas que se ven son temporales, pero las que no se ven son eternas.
>
> 2 Corintios 4:17-18

Una de las maneras mejores y más placenteras de derrotar al diablo en todos sus ataques es permaneciendo gozosos. Él odia nuestro gozo porque él no tiene gozo propio alguno, y por esa razón intenta con todas sus fuerzas robarnos el nuestro.

CAPÍTULO 6

Seguridad con respecto a la oración

Ser cristiano sin orar no es más posible que estar vivo sin respirar.

atribuido a Martín Lutero

Una historia en *El cristiano de rodillas*, escrito por un hombre usando el pseudónimo de "Cristiano Anónimo" y publicado originalmente en 1924, reporta: "En cierta ocasión, un viajero occidental que visitaba China, entró en una pagoda un día en el que estaban celebrando una festividad religiosa. Numerosos fieles se acercaban en actitud de adoración al altar sagrado, donde había una extraña imagen. Y le llamó especialmente la atención ver que muchos, llevaban consigo tiras de papel en las cuales había escritas oraciones, bien fuera a mano o impresas, que luego envolvían en bolitas de barro endurecido y las lanzaban a la imagen. Extrañado, preguntó cuál era el significado de aquello. Le explicaron, que si la bola de barro se quedaba pegada a la imagen era señal de que la oración había sido escuchada, pero si caía al suelo quería decir que la oración había sido rechazada" (Barcelona, España: Editorial Clie, 2007, p. xi).

Quizá pensemos que esta es una costumbre muy extraña, pero algunos cristianos oran de formas similares. Básicamente lanzan oraciones a Dios y esperan a ver si se pegan o no, pero no oran con certidumbre de que Dios oye y responde.

Los cristianos deberíamos conocer el gozo y la paz, y eso no es posible a menos que sepamos cómo orar y tengamos plena certidumbre del poder de la oración. Dios en realidad necesita nuestras oraciones, porque hay muchas cosas que Él desea hacer y no puede hacer a menos que alguien le pida que lo haga. Parece imposible que Dios nos necesite para algo, pero como Él trabaja a través de nosotros, nos necesita. Obviamente, Dios puede hacer lo que quiera hacer sin la ayuda de nadie, pero se ha comprometido a una colaboración con sus hijos, y eso es asombroso.

Si queremos hacer mucho para Dios, debemos pedirle mucho a Dios. Pablo dice que Dios puede hacer muchísimo más de lo nos atrevemos a pedir o desear (ver Efesios 3:20). El diablo desea que no oremos en absoluto, y si oramos, pidamos muy poco. Él odia las oraciones valientes, agresivas y atrevidas. Tan solo piense en sus propias oraciones y la frecuencia con la que son atacadas de alguna manera.

> Si queremos hacer mucho para Dios, debemos pedirle mucho a Dios.

Por ejemplo, suena el teléfono mientras está orando y se siente obligado a responder. O alguien tiene una emergencia justo cuando está a punto de orar, y tiene que cambiar sus planes. O de repente le entra sueño poco después de comenzar a orar, o le cuesta enfocarse. Aunque tengamos éxito en apartar tiempo para orar, el diablo nos sugerirá de inmediato que nuestras oraciones no son "correctas", que no oramos por las cosas necesarias o que no oramos de la forma adecuada. También nos hace creer que nuestras oraciones no fueron suficientemente largas o elocuentes. Tardé mucho tiempo en darme cuenta de que el diablo me robaba mediante este método de hacerme sentir que, aunque había orado, no lo había hecho bien.

He observado a menudo que después de haber orado por algo, el pensamiento que tengo justo después es: *Eso no va a conseguir nada. No fue suficientemente largo, o suficientemente ferviente.* Algunas traducciones de la Biblia de Santiago 5:16 nos dicen que la oración "eficaz" de la persona justa puede mucho. La palabra *eficaz* podría darnos la idea de que nuestras oraciones tienen que ser intensas, y aunque eso es parte de la definición de la palabra, *eficaz* también significa "sincera y sentida". Mis oraciones, por lo general, son simples, pero sinceras. Creo que el diablo quiere que creamos que la oración siempre debe ser un trabajo duro y que tenemos que sentir una profunda emoción con respecto a lo que oramos. Puede que eso ocurra a veces, pero es la sinceridad de nuestras oraciones y la fe ofrecida con ellas lo que las hace eficaces, no lo que sentimos, o si lloramos o no, o cuán fuerte es nuestra voz o su duración cuando oramos. Tenga cuidado de no dejar que el diablo le engañe con respecto a la validez de sus oraciones. Cuando ora en fe, Dios oye y responde a su manera y a su tiempo.

Hay veces en las que trabajamos en oración con respecto a una situación seria. Jesús oró de forma tan intensa en el huerto de Getsemaní como preparación para su crucifixión, que "era su sudor como grandes gotas de sangre que caían hasta la tierra" (Lucas 22:44). Epafras luchó en oración por los colosenses (ver Colosenses 4:12). Aunque puede que haya trabajo y esfuerzo en las oraciones algunas veces, creo que gran parte de nuestras oraciones están entremezcladas a lo largo del día y deberían convertirse en algo tan simple como respirar. Me gusta usar la frase: "Ore mientras vive su día".

Dios me ha enseñado que, si la oración es sincera, no necesita ser elocuente ni necesariamente larga. Dios ve nuestro corazón, y no juzga la calidad de nuestras oraciones como podríamos pensar que lo haría. Él solo mira la sinceridad, fe y confianza con la que oramos.

La voluntad de Dios es que podamos orar con confianza y seguridad. Nuestras oraciones no deben ser inciertas. No debemos ser ambiguos, ni ir a tientas de forma dudosa detrás de Dios, pensando que, si tenemos suerte, podríamos recibir una respuesta a nuestra petición. ¡No! Eso no es orar de verdad. Este tipo de oración no recibe respuestas de Dios. No estamos lanzando a Dios bolas de barro con peticiones de oración escritas en trozos de papel, con la esperanza de que se queden pegadas.

> Y esta es la confianza que tenemos en él, que si pedimos alguna cosa conforme a su voluntad, él nos oye. Y si sabemos que él nos oye en cualquiera cosa que pidamos, sabemos que tenemos las peticiones que le hayamos hecho.
>
> 1 Juan 5:14-15

Le recomiendo que tome algo de tiempo y lea despacio estos dos versículos varias veces, y piense un rato en la inmensidad de lo que dicen. El apóstol Juan tenía plena certidumbre con respecto a la oración contestada, y deseaba la misma certidumbre para aquellos a los que escribía, y eso le incluye a usted.

Quizá se pregunte: "¿Qué ocurre si no oramos conforme al plan y propósito de Dios?". Este versículo indica que Él oye solo las oraciones que se hacen conforme a su voluntad. Aunque es cierto que Dios no nos dará algo que no sea lo mejor para nosotros, deberíamos gozarnos en eso y confiar que Él nos guiará a algo incluso mejor.

Una forma de estar seguros de orar conforme a la voluntad

de Dios es orar las Escrituras. Simplemente tome un versículo o pasaje de las Escrituras y conviértalo en una oración por otra persona o por usted mismo. Esto se puede hacer fácilmente con 1 Juan 5:14-15. La oración sonaría algo parecido a esto:

> "Padre, te pido un grado destacado de confianza al orar. Quiero orar por tu plan y propósito y te pido que me guíes. Si oro de manera incorrecta, confío en que tú no me darás aquello por lo que pido, sino que me guiarás a pedir conforme a tu voluntad. Creo que si pido algo según tu plan, entonces tú me oirás, y creo con plena certidumbre que concederás la petición que te hice. Gracias, Padre. ¡Te lo pido en el nombre de Jesús!".

Puede seguir este mismo patrón con casi cualquier versículo.

Hay, por supuesto, muchas cosas por las que querrá y tendrá que pedir que no estén cubiertas específicamente en versículos bíblicos. Siempre deberíamos orar que Dios nos las conceda solo si es la voluntad de Dios. Podemos orar con certidumbre de que Dios nos dará su voluntad, ¡y que llegará en el momento adecuado y de la forma correcta!

El poder de la oración

Las promesas de Dios con respecto a la oración son casi demasiado increíbles para creerlas, pero son ciertas. Es bueno tener cerca un libro sobre la oración y acudir a él frecuentemente como una manera de mantener su fe fresca y fuerte. *El cristiano de rodillas*, el cual mencioné al principio de este capítulo, es uno que yo consulto frecuentemente solo para alimentar mi fe.

Alimentamos nuestra fe con la Palabra de Dios, y es sabio alimentar siempre su espíritu en áreas que son especialmente importantes. El poder y la necesidad de la oración están en lo más alto de la lista. Hay incontables libros sobre la oración, así que encuentre uno que sea útil para usted y simplemente léalo, y úselo a menudo. Uno que quizá le pueda ayudar y animar es mi libro *The Power of Simple Prayer* (El poder de la oración sencilla).

El cristiano anónimo escribe en su libro que cuando lleguemos al cielo y veamos las cosas desde el punto de vista de Dios, nos asombrará que no hayamos orado más y nos preguntaremos por qué no usamos más este poder. Solo podría ser porque aún estamos aprendiendo cuán importante y poderosa es la oración. Creo que podemos aprender a vivir en una actitud de oración, siempre teniendo nuestro corazón elevado a Dios mientras somos conscientes de que necesitamos su ayuda en todo lo que hacemos.

El apóstol Santiago menciona a Elías y dice que, aunque era un hombre con apetitos y pasiones como las nuestras, oró y Dios hizo cosas asombrosas. Elías no era un hombre perfecto, así como nosotros no somos perfectos, pero eso no le impidió orar, y tampoco debe impedírnoslo a nosotros (ver Santiago 5:17). Satanás nos dirá que no somos lo suficientemente buenos para orar y que especialmente no somos suficientemente buenos para esperar que Dios haga mucho por nosotros. Pero recuerde que Satanás es un mentiroso y que odia la oración. Él trabaja diligentemente para persuadirnos de ser

> *Creo que es seguro decir que Satanás tiene temor a nuestras oraciones.*

negligentes con la oración. Creo que es seguro decir que Satanás tiene temor a nuestras oraciones. Él sabe que cuando oramos, Dios actúa a nuestro favor para hacer cosas que finalmente le impedirán lograr el mal que ha planeado para nosotros. Deberíamos recordar cuán poderosa es la oración, y que Satanás hará todo lo posible por impedir que oremos con confianza.

Los cuatro "vaya" de la oración

Hay cuatro promesas en Juan 14, 15 y 16 que yo llamo los cuatro "vaya" de la oración. A menudo usamos la palabra *vaya* para describir algo tan asombroso que sencillamente no sabemos qué otra palabra usar. Las promesas bíblicas con respecto a la oración que quiero compartir con usted en esta sección son definitivamente recurso que entra en la categoría de un *vaya*.

Antes de ir a los versículos, me gustaría pedirle que pensara y tomara la decisión de creer las promesas que presentan. Podemos leer muchas que podrían sernos útiles, pero si no las creemos tan fuertemente como para actuar basados en la información, entonces no nos servirán de nada. Como la oración eficaz es una parte tan importante de la guerra espiritual, haremos bien en creer todo lo que la Palabra de Dios dice al respecto.

- **Vaya número 1:** "De cierto, de cierto os digo: El que en mí cree, las obras que yo hago, él las hará también; y aun mayores hará, porque yo voy al Padre. Y todo lo que pidiereis al Padre en mi nombre, lo haré, para que el Padre sea glorificado en el Hijo. Si algo pidiereis en mi nombre, yo lo haré" (Juan 14:12-14).
- **Vaya número 2:** "Si permanecéis en mí, y mis palabras permanecen en vosotros, pedid todo lo que queréis, y os será hecho. En esto es glorificado mi Padre, en que llevéis mucho fruto, y seáis así mis discípulos" (Juan 15:7-8).
- **Vaya número 3:** "No me elegisteis vosotros a mí, sino que yo os elegí a vosotros, y os he puesto para que vayáis y llevéis

fruto, y vuestro fruto permanezca; para que todo lo que pidiereis al Padre en mi nombre, él os lo dé" (Juan 15:16).

- *Vaya* **número 4**: "Hasta ahora nada habéis pedido en mi nombre; pedid, y recibiréis, para que vuestro gozo sea cumplido" (Juan 16:24).

Estos cuatro versículos hacen promesas increíbles, y deberíamos creerlas y orar no por obligación o como una tarea religiosa, sino con anticipación y gozo. Si creemos estas promesas, ¿qué podría impedirnos orar?

La oración no solo nos ayuda en nuestros tiempos de necesidad, sino que nos ayuda y fortalece siempre, capacitándonos para dar mucho fruto para el reino de Dios.

Obstáculos para la oración contestada

Satanás sabe que podemos conseguir más mediante nuestras oraciones que mediante nuestro trabajo, y se esfuerza al máximo para obstaculizar nuestras oraciones. Él preferiría que hiciéramos cualquier otra cosa menos orar.

Hay muchos obstáculos para que nuestras oraciones reciban respuestas, pero me gustaría mencionar solo cuatro de ellos.

1. Pecado oculto

El primer obstáculo para la oración contestada es el pecado oculto. La Palabra de Dios dice que, si escondemos iniquidad en nuestros corazones, Dios no nos escuchará (ver Salmos 66:18). Recomiendo que comencemos nuestras oraciones arrepintiéndonos de todo pecado conocido o desconocido, porque queremos acercarnos a Dios con corazones limpios y puros.

2. Duda

La duda es un segundo obstáculo para la oración contestada. Por esta razón, Satanás intenta robar nuestra seguridad en la oración. Él no quiere que oremos, pero si lo hacemos, quiere que dudemos de la validez de nuestras oraciones o que nos preguntemos si serán respondidas. Santiago nos dice que podemos pedirle ayuda a Dios cuando la necesitemos y que Él nos la dará abundantemente y sin reproche, pero la petición debe hacerse en fe, sin dudar ni vacilar (ver Santiago 1:5-8).

En caso de que la frase "abundantemente y sin reproche" no le resulte familiar, permítame explicarla con mis propias palabras. Si ha cometido errores y se ha metido en un lío, y se da cuenta de que necesita la ayuda de Dios, pídasela. Él le ayudará, y no le hará sentirse culpable o avergonzado por lo que ha hecho en el proceso. Dios no dirá: "Te ayudaré, pero no te lo mereces después de lo que hiciste". Él quiere que tengamos un corazón arrepentido y que acudamos a Él con confianza y le pidamos la ayuda que necesitemos.

No puedo decir que nunca tenga ninguna duda, así que cuando la tengo soy sincera con Dios. Intento seguir el ejemplo del padre que acudió a Jesús a pedirle la sanidad de su hijo. Jesús le preguntó a este padre si creía, y él le dijo a Jesús que sí creía, pero que también necesitaba ayuda con su incredulidad (ver Marcos 9:20-24).

La duda del padre no le impidió recibir la ayuda que buscaba. Si nos enfocamos en la gran fe que tenemos en vez de hacerlo en el poco de duda que podamos tener, creo que también veremos respuestas a nuestras oraciones.

3. Egoísmo

El egoísmo es el tercer obstáculo para la oración respondida. El egoísmo tiene que ver solo conmigo y con lo que yo quiero, sin tener en consideración a los demás. La Palabra de Dios nos enseña a vivir exactamente de la forma contraria a esto. Debemos olvidarnos de nosotros, entregarnos a Dios y vivir para ayudar, agradar y hacer felices a otros.

> Debemos olvidarnos de nosotros, entregarnos a Dios y vivir para ayudar, agradar y hacer felices a otros.

Creo que es seguro decir que vencer el egoísmo es un reto de toda una vida. Yo nunca tengo que intentar ser egoísta, pero frecuentemente tengo que proponerme no ser egoísta. Incluso en la oración creo que nuestra inclinación natural es orar primero y principalmente por lo que queremos y necesitamos. Pero recordemos la oración de Josafat, y recordemos que su petición estaba al final de su lista mientras que la alabanza y la gratitud estaban en primer lugar.

Dios nos da a todos el ministerio de la intercesión, el cual significa que tenemos el privilegio de orar por otros. El Espíritu Santo puede guiarle a orar por alguien que no sabe cómo orar, o quizá usted se sienta guiado a unir sus oraciones con las de alguien que ya está orando, pero necesita un poco más de fortaleza. Mientras más nos unamos en oración, más poderosas son nuestras oraciones. Sé que cuando estoy enferma o atravesando algo difícil, lo que más quiero es que la mayor cantidad de personas posible estén orando por mí, y estoy segura de que usted también. Ciertamente, no hay nada de malo en pedirle a Dios lo que queremos o necesitamos, pero si eso es todo lo que hacemos cuando oramos, es egoísta y puede estorbar la contestación de nuestras oraciones.

4. Rehusar perdonar

Sin duda alguna, rehusar perdonar a los que nos han ofendido es el mayor obstáculo para la oración respondida. Dios ha dicho claramente que, si no perdonamos a otros sus ofensas contra nosotros, Él no nos perdonará las nuestras (ver Mateo 6:15).

La Biblia nos enseña que podemos pedirle a Dios cualquier cosa y, si creemos que lo hemos recibido, lo tendremos. Por favor, note que no siempre lo recibimos de inmediato, pero si creemos en nuestro corazón que Dios ha oído nuestras oraciones y que hemos recibido lo que hemos pedido, entonces cuando llegue el momento correcto, lo recibiremos (ver Marcos 11:23-24). Esta es una gran promesa, pero debemos leerla en el contexto del versículo siguiente, que dice:

> "Y cuando estéis orando, perdonad, si tenéis algo contra alguno, para que también vuestro Padre que está en los cielos os perdone a vosotros vuestras ofensas".
>
> Marcos 11:25

Recuerdo leer una frase de Watchman Nee, que decía que la mayoría del terreno que consigue Satanás en las vidas de los creyentes se debe al hecho de que no están dispuestos a perdonar a quienes les han ofendido o tratado de forma injusta.

La oración es demasiado importante como para que permitamos que estos obstáculos o ninguna otra cosa estorbe su eficacia. Oh Dios, que estemos seguros del poder de la oración y ayúdanos a orar a menudo.

CAPÍTULO 7

Maneras en que el diablo intenta engañar a las personas

Y fue lanzado fuera el gran dragón, la serpiente antigua, que se llama diablo y Satanás, el cual engaña al mundo entero.

Apocalipsis 12:9

Satanás devora a las personas mediante el engaño. Cuando somos engañados, creemos mentiras que nos han dicho, pero como no sabemos que son mentiras, las aceptamos como verdades y actuamos conforme a ellas. Es imperativo que los hijos de Dios conozcan la diferencia entre las mentiras de Satanás y la verdad de la Palabra de Dios; de lo contrario pueden quedarse en esclavitud toda su vida. También se perderán los privilegios y la vida maravillosa que Dios ha planeado para ellos.

Estos son algunos ejemplos de cómo opera el engaño:

- Puede creer que es incapaz de hacer algo que Dios ha dicho que usted es capaz de hacer.
- Puede creer que nunca podrá recuperarse por completo de un pasado doloroso.
- Puede creer que usted no vale para nada, o que Dios no le ama porque por mucho que lo intenta, parece que siempre mete la pata y comete errores.

Ninguna de esas cosas es cierta, pero si las cree, entonces Satanás le ha engañado y sus mentiras se han convertido en su realidad.

Una de las primeras defensas contra el engaño es la oración. Jesús dijo que deberíamos orar y tener cuidado de no ser engañados (ver Mateo 24:4). También dijo que en los últimos tiempos el engaño aumentaría (ver Mateo 24:24). Ahora mismo, el consenso general es que estamos viviendo en los últimos tiempos. La sociedad hoy nos envía continuamente el mensaje de que no hay ninguna verdad absoluta; la verdad siempre es cambiante y se basa en nuestras percepciones. En otras palabras, la verdad puede ser una cosa para una persona y otra distinta para otra. Por supuesto que eso es un sinsentido porque, si la verdad existe, es un estándar constante que es igual siempre para todas las personas.

Relativismo, humanismo y verdad absoluta

El relativismo declara que no hay absolutos, porque todas las cosas son relativas según otras cosas. El relativista dice que la verdad es relativa según la situación de una persona o según lo que él o ella siente. La gente que no cree en Dios o en el cristianismo tradicional; a menudo, no cree que la Palabra de Dios sea la verdad absoluta. Cuando las personas tienen esta idea, es muy fácil para el diablo engañarlas, porque no tienen nada sólido con lo que juzgar nada. Si no defendemos nada, cualquier cosa nos vencerá, y esa es una posición peligrosa en la que estar.

Si no defendemos nada, cualquier cosa nos vencerá, y esa es una posición peligrosa en la que estar.

Recientemente leí esto en un artículo que encontré en el internet:

Aunque la verdad absoluta es una necesidad lógica, hay algunas orientaciones religiosas (humanistas ateos, por ejemplo) que argumentan en contra de la existencia de la verdad absoluta. La exclusión de Dios que hace el humanismo necesita el relativismo moral. El humanista John Dewey (1859-1952), coautor y firmante del Manifiesto Humanista I (1933), declaró: "No hay Dios y no hay alma. De ahí, no hay necesidad de sostener la religión tradicional. Con el dogma y el credo excluidos, entonces la verdad inmutable también está muerta y enterrada. No hay espacio para una ley natural o fija, o para los absolutos morales". Los humanistas creen que uno debe hacer lo que uno sienta que es correcto.

Tomado de "Absolute Truth" [Verdad absoluta], All About..., Allaboutphilosophy.org

A mí me parece que lo que cree el humanismo es tan solo una buena excusa para hacer lo que uno quiera sin responsabilizarse de sus acciones. Esta es la atmósfera en la que puede existir la anarquía y finalmente destruir una civilización. El anarquista rechaza reconocer la autoridad de ningún tipo, y reina la rebeldía.

Yo no niego el relativismo como un principio que se debe aplicar a algunas situaciones, pero digo que no se puede aplicar a la Palabra de Dios. Por ejemplo, si alguien me invita a una fiesta, que vaya o no puede ser relativo según qué tipo de fiesta sea, mi horario, o un sinfín más de factores. Pero si alguien me pregunta si creo que Dios es bueno, entonces la respuesta es sí. Eso no es y nunca será relativo según ninguna otra cosa. La verdad es simplemente que Dios es bueno. Frecuentemente oigo a personas decir: "Si Dios es bueno, entonces ¿por qué les suceden cosas malas a personas buenas?". Hay muchas respuestas a esa pregunta que yo no puedo explicar en este libro, pero puedo decir que, independientemente de cuáles sean las razones, ¡nuestros problemas nunca cambian la verdad de que Dios es bueno!

> ¡Nuestros problemas nunca cambian la verdad de que Dios es bueno!

La verdad absoluta se puede definir como una realidad inflexible, fija, invariable e inalterable. Podemos ver que la definición de *verdad* es el extremo opuesto al relativismo.

Personalmente, creo que la Palabra de Dios es una verdad absoluta. Mi entendimiento de su Palabra puede crecer y cambiar a medida que estudio y soy enseñada, pero su Palabra siempre es la misma. Es la norma sobre la que baso todas mis decisiones y por la que mido mis ideas. Es la única manera que conozco de reconocer las mentiras del diablo y de impedir ser engañada.

Otra forma en la que el diablo engaña a las personas es presentando a Jesús como un personaje histórico en vez del Salvador de la humanidad. No dicen que no existió, o que no fue poderoso, pero niegan que sea el Hijo de Dios. La mayoría de las religiones falsas son una mezcla de algo de verdad con algo de error, y eso es lo que les hace ser peligrosas.

Creer arbitrariamente todo lo que leemos sin comprobar cuál es su fuente no es sabio. Los demonios pueden guiar fácilmente a las personas para que escriban libros llenos de ideas filosóficas que seducen la mente humana, aunque no son verdad. Las ideas y los principios pueden parecer razonables, pero al final pueden llevar a la desgracia y a una vida sin Dios. Recuerde siempre que cualquiera puede escribir un libro y decir algo que quiera decir, ¡pero eso no hace que lo que dice sea cierto!

Juan insta a los creyentes a probar los espíritus, porque hay muchos falsos profetas en el mundo (ver 1 Juan 4:1). Lucas escribe en Hechos sobre los creyentes de Berea que recibieron la enseñanza de salvación con entusiasmo, pero también examinaban diariamente las Escrituras para ver si lo que estaban oyendo era cierto (ver Hechos 17:10-11). Pruebe lo que escucha, lee y cree. Pregúntese si concuerda con la Palabra de Dios y si verdaderamente funciona en su vida y produce buen fruto. Busque la verdad, guárdela firmemente en su corazón y nunca la suelte.

Ore pidiendo no ser engañado

Yo oro regularmente pidiendo a Dios que me proteja del engaño, y le insto a hacer lo mismo. El mundo está lleno de engaño en estos tiempos.

La influencia de personas que son engañadas puede llevarnos al engaño y el error si no conocemos la verdad de la Palabra de Dios. Necesitamos algo sólido e inmutable a lo que aferrarnos y que nos mantenga arraigados. Para mí es la Palabra de Dios, y oro que sea lo mismo para usted. Yo he visto cómo la Palabra ha influenciado y cambiado, no solo mi vida, sino también las vidas de incontables personas. Estoy totalmente convencida de que Jesús es el Camino, la Verdad y la Vida (ver Juan 14:6). Tendrá que decidir por usted mismo si cree esto. Si aún no lo ha hecho, le animo a que lo haga sin demora. Dios es siempre el mismo y es la Roca sobre la que estamos firmes, la roca inconmovible. Todo lo que nos rodea podría tambalearse y cambiar, pero Dios es siempre el mismo ayer, y por los siglos (ver Hebreos 13:8).

Leí que el índice de suicidio en el mundo hoy día es el más alto que ha habido jamás, y creo que se debe en gran parte a la confusión y desesperanza que sienten las personas cuando no tienen un entendimiento adecuado de Dios y su Palabra. He oído que el suicidio es la segunda causa de muerte para los adolescentes entre doce y diecinueve años (cdc.gov). ¿Por qué alguien que está comenzando su vida sentiría la necesidad de acabar con ella, si no fuera porque no ve nada por lo cual vivir? Las personas necesitan algo sólido a lo que aferrarse, y necesitan la verdad en vez de las filosofías de personas impías. La mayoría de las personas sienten que están luchando contra algo la mayor parte del tiempo, pero muchos no se dan cuenta de que su verdadera lucha es contra Satanás. Solamente él es la causa subyacente, el instigador y perpetrador de los males de nuestra sociedad, y la única arma que lo derrotará es la verdad de la Palabra de Dios.

El apóstol Santiago escribió que debemos someternos a Dios y resistir al diablo, y entonces él huirá de nosotros (ver Santiago 4:7). Obedecer a Dios y resistir al diablo son dos de nuestras responsabilidades como creyentes. Cuando hacemos esto, Dios peleará nuestras batallas por nosotros. Tenemos que ser diligentes para saber quién es nuestro verdadero enemigo, reconocer las tácticas que usa, y vivir con cuidado y vigilancia, porque él está siempre buscando formas de influenciar nuestra vida.

El apóstol Pablo nos enseña a ponernos toda la armadura de Dios para que podamos resistir todas las estrategias y engaños del diablo (ver Efesios 6:11). Aquí de nuevo hay algo de lo que somos responsables de hacer. Efesios 6:10-18 nos da una buena descripción de lo que es esta armadura, y lo cubriremos en detalle en un capítulo posterior. Satanás es un enemigo peligroso, pero Dios no nos ha dejado sin equipar para lidiar con él. De hecho, tenemos todo lo que necesitamos para ser más que vencedores.

Maneras prácticas de evitar el engaño

Además de orar pidiendo no ser engañados, hay varias cosas prácticas que podemos hacer para mantener el engaño lejos de nosotros.

Manejar las emociones y los sentimientos.

Nada es más peligroso para Satanás que un creyente que está dispuesto a obedecer a Dios y creer su Palabra al margen de cómo se sienta.

Nada es más peligroso para Satanás que un creyente que está dispuesto a obedecer a Dios y creer su Palabra al margen de cómo se sienta.

Mayormente, la gente nos dice cómo se siente, pero los sentimientos no siempre nos dicen la verdad. ¡Son variables! Podemos tener ganas de hacer algo a las ocho de la mañana, y de algún modo, a las dos de la tarde ya no tenemos ganas de hacerlo, aunque dijimos que lo haríamos temprano. Como cristianos victoriosos, debemos aprender a manejar nuestras emociones y a juzgar lo que sentimos por la Palabra de Dios para decidir si nuestros sentimientos incluyen verdad o engaño.

Los sentimientos pueden ser bastante motivadores, pero cuando desaparecen no significa que seamos libres para dejar de hacer lo que nos comprometimos a hacer.

Los sentimientos pueden ser bastante motivadores, pero cuando desaparecen no significa que seamos libres para dejar de hacer lo que nos comprometimos a hacer.

Evitar los extremos.

Primera de Pedro 5:8 nos dice que seamos equilibrados, autodisciplinados, alertas y cautos en todo momento para impedir que Satanás consiga una ventaja sobre nosotros. A Satanás no le importa si hacemos demasiado o muy poco de algo. Mientras estemos en los extremos, él estará satisfecho. Por ejemplo:

1. Algunas personas quizá no son prudentes ahorrando dinero para el futuro, mientras que otras puede que ahorren más de lo necesario. Pueden hacer acopio de todo lo que tienen por miedo a no tener suficiente. Al hacerlo, no están confiando en Dios en absoluto para que cuide de ellos.

2. Algunas personas no están dispuestas a hacer nada por nadie. Están totalmente ensimismadas y piensan solo en sí mismas. Otros hacen demasiado por los demás, causando que se vuelvan perezosos e inactivos. O hacen tanto por otros que no cuidan de sí mismos adecuadamente, y terminan llenos de resentimiento y sintiendo que las personas se aprovechan de ellos.

3. Algunas personas no tienen ningún tipo de disciplina. Otras son muy legalistas, viviendo estrictamente según reglas y estipulaciones. Esto puede volverles muy rígidos, difíciles de llevarse bien con ellos, y a menudo critican a las personas que no viven como ellos.

La lista de extremos podría continuar, pero el punto para nosotros es trabajar con el Espíritu Santo y permitirle guiarnos para poder mantener el equilibrio en todas las áreas de la vida. Hay un ritmo piadoso para nuestras vidas, y cuando lo seguimos, la vida se disfruta más y evitamos dar pie al enemigo para atormentarnos o engañarnos. Todos necesitamos trabajar y descansar, reírnos y divertirnos, tener momentos de adoración y soledad (tiempos de quietud). Necesitamos estar solos, pero también necesitamos el equilibrio de estar en comunidad con otras personas. Salomón escribió que hay un tiempo perfecto para todo (ver Eclesiastés 3), y a menudo hemos oído que deberíamos hacer todas las cosas con moderación.

No poner nuestra confianza en las obras de la carne.

Una de las principales maneras en que el enemigo nos engaña es incitándonos a mantenernos ocupados haciendo lo que la Biblia llama "obras de la carne". Las obras de la carne se refieren a nuestros esfuerzos por intentar hacer que ocurra algo sin pedir la ayuda de Dios. Dios no lo hace todo por nosotros, pero nosotros tampoco podemos hacer nada sin Él.

El apóstol Pablo escribe mucho en sus epístolas sobre las obras de la carne y cuán inútiles y carentes de poder son. Estas actividades nos mantienen ocupados y frustrados, porque no son eficaces y nos dejan decepcionados. Somos salvos por la gracia de Dios mediante la fe en Jesús, y no por ninguna obra que hayamos hecho. La manera en que somos salvos es la manera en que debemos aprender a vivir nuestra vida diariamente.

> *Somos salvos por la gracia de Dios mediante la fe en Jesús, y no por ninguna obra que hayamos hecho. La manera en que somos salvos es la manera en que debemos aprender a vivir nuestra vida diariamente.*

La preocupación es una obra de nuestra carne que intenta resolver nuestros propios problemas. A medida que aprendemos a dejar de pensar en nuestros problemas, y en cambio llenamos nuestra mente de la verdad de que nuestras batallas son del Señor, seremos capaces de dejar que Dios pelee nuestras batallas por nosotros y entenderemos que la preocupación es algo que no ya no tenemos que hacer. De hecho, la Palabra de Dios nos enseña que cuando echamos nuestra ansiedad sobre Dios, Él cuida de nosotros (ver 1 Pedro 5:7). Mientras más confiamos y nos apoyamos en Dios, más nos ayuda Él.

Intentar cambiar a las personas que tenemos a nuestro alrededor para que sean como nosotros queremos es también una obra de la carne. Solo Dios puede cambiar a las personas. Nosotros podemos y debemos orar por ellos, pero no podemos cambiarlos. El cambio verdadero que perdura debe proceder del interior, y solo Dios puede cambiar el corazón de una persona. Deberíamos amar a los demás tal como son, en vez de cómo queremos que sean. Dios nos ama incondicionalmente, y quiere que nosotros amemos a otros del mismo modo.

Aprender a reconocer cuándo estamos haciendo las "obras de la carne" es muy importante. Malgastamos mucho tiempo y energía en lo que yo llamo las "obras que no funcionan". Siempre que comienzo a intentar que suceda algo por mí misma, o a intentar forzar algo que Dios no aprueba, me frustro, decepciono y desgasto. He aprendido que las obras de la carne producen lucha, ¡mientras que la fe en Dios produce descanso!

Rehusar transigir.

Transigir significa quedarse un poco por debajo de lo que usted sabe que está bien, y es una de las principales maneras en que Satanás engaña a las personas. El diablo dice que "solo una vez" no le hará daño. Eso es lo que le dijo a Jesús cuando lo tentó en el desierto (ver Lucas 4) Dijo que, si Jesús se postraba y le adoraba una sola vez, él le daría todos los reinos de este mundo (ver Lucas 4:5-8).

Una vez oí una historia divertida sobre un padre cuyos hijos estaban intentando convencerle de que les dejara ir a ver una película que tenía un poco de lenguaje grosero y algunas escenas de sexo inapropiadas. Argumentaban que un poco no les haría daño. Él les dijo que no, y acto seguido procedió a darles un ejemplo de cuán peligrosa puede resultar la idea de "solo un poco". Horneó para sus hijos sus galletas favoritas y después les dijo que había añadido tan solo una pizca diminuta de un ingrediente nuevo, caca de perro, pero les garantizó que no notarían nada al comerlas. Ninguno de ellos quiso probar las nuevas galletas, y papá les hizo ver su punto.

¡No se crea las mentiras de "solo una vez" o "solo un poco no me hará daño"! Establezca sus normas, viva por ellas y no transija cuando otros le animen a hacerlo. Solo porque otra persona haga algo, no significa que eso sea correcto para usted. Jesús dijo que estamos en el mundo, pero que no debemos ser como el mundo (ver Juan 17:14-16; Romanos 12:2). Charles Spurgeon dijo: "Creo que una razón por la que la iglesia de Dios en este momento tiene tan poca influencia sobre el mundo se debe a que el mundo tiene demasiada influencia sobre la iglesia" (https://www.christianquotes.info/quotes-by-topic/quiotes-about-compromise/#izz5DycJhvpl).

Pablo le escribió a Timoteo que un soldado de servicio no se enreda en los asuntos de la vida civil; su mira está en agradar a aquel que lo reclutó (ver 2 Timoteo 2:4).

Satanás nos tienta para que vivamos dos vidas o para que seamos una persona dual, queriendo decir que nos presentamos como un tipo de persona cuando estamos con nuestros amigos cristianos y como otra persona cuando estamos con nuestros compañeros del mundo. Una persona se puede comportar de una forma en la iglesia y de otra forma bastante distinta en la oficina o en el hogar; pero si nuestra fe en Jesús es genuina y sincera, seremos la misma persona en toda situación. No debemos dejar que el temor a lo que la gente piense de nosotros nos lleve a transigir en nuestra conducta moral.

Satanás ha conseguido una victoria cuando tiene éxito a la hora de presentar al mundo a cristianos que transigen.

Negar los deseos engañosos.

Otra manera en que el diablo nos engaña es mediante las cosas que deseamos. Dios nos dará los deseos de nuestro corazón cuando nos deleitamos en Él (ver Salmos 37:4), pero no nos concederá los deseos de nuestra carne. Las personas persiguen y desean cosas que no tienen la capacidad de hacer por ellos lo que pensaban que harían. Cuando obtienen esas cosas, se emocionan por un corto tiempo, pero enseguida se sienten vacíos. Todos buscamos ser felices, pero tristemente puede que malgastemos muchos años persiguiendo cosas que son lo que Jeremías llamó cisternas vacías que no retienen agua.

> "Porque dos males ha hecho mi pueblo: me dejaron a mí, fuente de agua viva, y cavaron para sí cisternas, cisternas rotas que no retienen agua".
>
> Jeremías 2:13

Este tipo de engaño opera de una forma muy similar a como un espejismo afecta a una persona abandonada en el desierto. Está tan sediento que se imagina que ve un lago de agua. Corre a buscarla y se tira de cabeza a lo que cree que saciará su sed, pero tristemente se da cuenta de que solo es más arena.

Dios quiere que tengamos muchas cosas que disfrutemos, pero antes Él debe ser lo primero en nuestras vidas. Dios puede darnos gozo sin cosas, pero cosas sin Dios nunca nos darán gozo.

> *Dios puede darnos gozo sin cosas, pero cosas sin Dios nunca nos darán gozo.*

Millones de personas malgastan sus vidas persiguiendo cosas que piensan que les darán satisfacción, contentamiento y gozo, y terminan frustradas y descontentas. Puede ser dinero, una posición o mayores niveles de educación. Quizá desean estar en cierto grupo social, o escalar una montaña, o ser el número uno en algún deporte. A menudo, la gente quiere poseer cosas como casas más grandes, mejores automóviles, barcos, ropa más cara, y todo tipo de bienes materiales.

Si nuestra meta es conseguir las cosas del mundo, Satanás siempre puede ofrecernos más "cosas" y podemos malgastar más tiempo persiguiéndolas, pero ¿realmente nos harán felices y nos darán paz? Aparentemente no, porque algunas de las personas más ricas y más famosas del mundo dicen estar entre las más infelices. De hecho, estaba leyendo un artículo ayer sobre personas ricas y famosas que emplearon toda su vida entreteniendo a otros, y sin embargo en su vida privada eran terriblemente infelices, hasta el punto de que algunos se suicidaron, creyendo que no podían hacer frente a un día más.

Como la mayoría de las personas, yo probé todas las formas incorrectas de encontrar felicidad hasta que finalmente agoté todas las posibilidades. Después, por fortuna, aprendí que mis propios deseos me estaban engañando. Satanás me susurraba continuamente: "Ahora sí, esto te hará feliz cuando lo consigas". Es un mentiroso. Lo que verdaderamente necesitamos encontrar para tener una verdadera felicidad es a Dios y su voluntad para nuestra vida.

Jesús dijo que vino para que pudiéramos "tener vida y vida en abundancia" (ver Juan 10:10). Él quiere que tengamos abundancia de toda cosa buena, pero debemos recordar que las cosas sin Dios no pueden darnos felicidad.

Las maneras en que Satanás engaña a las personas son probablemente interminables, así que dediquémonos a orar de forma regular para que Dios revele cualquier engaño en nuestra vida, y vivamos según la verdad de la Palabra de Dios.

CAPÍTULO 8

Esté tranquilo

Jehová peleará por vosotros, y vosotros estaréis tranquilos.

Éxodo 14:14

Dios peleará nuestras batallas, pero vemos en Éxodo 14:14 que tenemos una responsabilidad, y es estar tranquilos. La versión Amplificada (en inglés) de este versículo dice que debemos guardar silencio y mantener la calma. ¿No es esto desafiante? ¡Sí! ¿Es posible? ¡Sí! Dios nunca nos dice que hagamos algo que no sea posible que hagamos. Es importante creer que, en caso contrario, el diablo llenará nuestra mente de interminables excusas y razones por las que no podemos hacer lo que Dios nos dice que hagamos.

Cuando cortamos todo lo que nos distrae, creo que lo que cada uno de nosotros quiere más que ninguna otra cosa es paz, y según Jesús, la tenemos. Él dijo que nos dejó su paz, no el tipo de paz que ofrece el mundo, sino una paz especial que opera en medio de las tormentas de la vida. Él dijo también: "No se turbe vuestro corazón, ni tenga miedo" (Juan 14:27). Podemos ver continuamente el mismo tema a lo largo de la Palabra de Dios. Él promete pelear por nosotros, y esa promesa llega siempre con algo que Él espera que nosotros hagamos. Podemos decir que nuestro acto de obediencia representa sembrar una semilla de fe, y entonces Dios produce la cosecha.

La semilla que sembramos quizá requiera algún tipo de acción física, pero no siempre. Algunas veces la semilla es un acto espiritual. Nosotros creemos, y Dios obra. Nosotros oramos, y Dios cambia las circunstancias. Nosotros estamos tranquilos, y Dios pelea nuestras batallas.

> Y el Dios de paz aplastará en breve a Satanás bajo vuestros pies.
>
> Romanos 16:20

Jesús es el Príncipe de paz (ver Isaías 9:6). Él vino a la tierra para traernos paz y derribar los muros que nos dividen, y desea que habitemos juntos en unidad porque, cuando lo hacemos, nuestro poder aumenta. La paz produce poder, pero el caos y la agitación producen debilidad. Es natural entonces que Satanás trabaje incansablemente para mantener a las personas enojadas, preocupadas, ansiosas, molestas o frustradas, y que haga cualquier otra cosa que nos robará la paz. ¡Él es el príncipe del caos!

Jesús dijo que quienes son "pacificadores" expresarán el carácter de Dios y serán llamados sus hijos (ver Mateo 5:9). Todos los creyentes son hijos de Dios, pero no todos alcanzan el nivel maduro de hijos e hijas. Mantener la paz en medio de la tribulación lo hacen quienes son espiritualmente maduros, quienes han entrenado sus sentidos por la experiencia para confiar en Dios en todo momento, sabiendo que Él siempre hace que todas las cosas obren para nuestro bien. Yo creo que mientras más experiencia tenemos con Dios, más fácil se vuelve confiar en Él. Si nos negamos a abandonar, cada situación que experimentamos nos muestra la fidelidad de Dios, y con el tiempo entendemos que Él verdaderamente nunca nos decepciona. Puede que las cosas no siempre resulten como nosotros esperaríamos, pero al final vemos que el camino de Dios es el mejor.

Hable con usted mismo

Una cosa que me ayuda a calmarme y estar tranquila cuando he perdido la paz es hablar conmigo misma. Tengo una reunión conmigo misma y digo cosas como estas: "Joyce, la preocupación no va a mejorar esto. Estar molesta no es bueno para tu salud; te dejará agotada y probablemente malhumorada". Me recuerdo a mí misma que Dios es bueno y fiel, y que mientras yo crea, Él obrará en favor de mí. A veces no hay nada mejor que tener una buena charla

> *Podemos hablarnos hasta estar molestos, o podemos hablarnos hasta estar tranquilos; depende de nosotros.*

con nosotros mismos. Podemos hablarnos hasta estar molestos, o podemos hablarnos hasta estar tranquilos; depende de nosotros.

Quizá recuerde que Éxodo 14:14 dice que estaremos tranquilos y Dios peleará por nosotros. Esto se debe a que a veces hablamos demasiado con las personas incorrectas, o por frustración y temor, lo cual hace que digamos cosas que no concuerdan con la Palabra de Dios. Lo mejor que podemos hacer durante una batalla es meditar en versículos bíblicos que nos ayudarán a estar tranquilos. Siempre que comienzo a preocuparme, medito en Filipenses 4:6-7, que dice: "Por nada estéis afanosos, sino sean conocidas vuestras peticiones delante de Dios en toda oración y ruego, con acción de gracias. Y la paz de Dios, que sobrepasa todo entendimiento, guardará vuestros corazones y vuestros pensamientos en Cristo Jesús".

Cualquiera que puede preocuparse, puede meditar. Preocuparse es meditar en un problema, pensar en eso una, y otra, y otra vez. La meditación en la Palabra de Dios opera del mismo modo; tomamos un versículo o un pasaje y pensamos en él una, y otra, y otra vez. Esto actúa como una medicina para el alma y tiene un efecto calmante.

Ronald Reagan dijo: "Paz no es la ausencia de conflicto, sino la capacidad de lidiar con el conflicto mediante medios pacíficos". Yo he dicho frecuentemente: "Cuando estamos en desacuerdo, podemos aprender a estar agradablemente en desacuerdo".

Las personas preocupadas normalmente tienen el ceño fruncido y tienen arrugas en la frente. No es difícil detectar a una persona preocupada. La madre Teresa dijo: "La paz comienza con una sonrisa". Yo creo que esa es una gran idea. Quizá si comenzamos a sonreír a propósito, nuestras emociones seguirán, produciendo paz y gozo.

La paz es una decisión consciente, no algo que meramente esperamos sentir. La Palabra de Dios nos enseña que persigamos la paz (ver Hebreos 12:14). En Colosenses 3:15 Pablo nos enseña a permitir que la paz de Dios gobierne en nuestros corazones. En otras palabras, la presencia o ausencia de paz debería ser el factor decisivo en todas nuestras decisiones. Necesitamos descubrir lo que es pacífico antes de emprender ninguna acción. Nos ahorraríamos a nosotros mismos una gran cantidad de problemas en la vida si aprendiéramos a seguir siempre la paz. Quizá yo quiero una nueva casa o un nuevo auto, pero si no tengo paz con respecto a esa adquisición, entonces no debería comprarlo. Tal vez quiera hablar con una amiga sobre una falta que veo en ella, pero si no tengo paz al respecto, entonces no debería decir nada.

Solo porque queramos hacer algo, o tengamos ganas de hacerlo o creamos que es una buena idea, no significa que no sea algo equivocado. Deberíamos detenernos un poco y tomar tiempo para hacernos la pregunta. "¿Tengo paz con respecto a la acción que voy a emprender?". Debemos ir más profundo que nuestra mente, voluntad y emociones y escuchar a Jesús, quien vive en nuestro corazón y quiere guiarnos mediante su Espíritu en todo momento. Como Él es el Príncipe de paz, su aprobación de la acción que queremos realizar se manifestará siempre como paz.

Me encanta lo que dijo Eleanor Roosevelt: "No es suficiente con hablar de paz. Debemos creer en ella. Y no es suficiente con creer en ella. Debemos trabajar en ella".

Ninguna afirmación podría ser más cierta que esta. La paz no caerá sobre nosotros como la lluvia que cae sobre nuestra cabeza. Debemos escogerla, aferrarnos a ella, y mantenernos firmes contra el diablo mientras él intenta continuamente producir caos en nuestra vida.

El autor del caos

Como Jesús es el Príncipe de paz, es fácil concluir que toda la agitación y el caos, el conflicto, la guerra y el enojo que vemos en el mundo no provienen de Él. ¡Su autor es Satanás! Él odia la unidad y la paz, y hace todo lo posible para llenar el mundo de conflictos, odio, falta de perdón, amargura, resentimiento, ofensa y guerra. Cualquier cosa que divida a las personas es algo que le gusta al diablo y hacia lo cual trabaja sin descanso.

Pensemos solamente en cuán difícil es incluso para dos personas habitar en paz. Después multipliquemos eso por millones, y podremos imaginar fácilmente cuán lleno de caos está nuestro mundo. El divorcio está desenfrenado, y en el 2017, los Estados Unidos se situó en duodécimo lugar en el mundo (platinumparalegals.com). Entre los asistentes a las iglesias, el 38%

se ha divorciado, de modo que la asistencia a la iglesia no nos hace inmunes a las tácticas del diablo (thegospelcoalition.org). Como afirmamos anteriormente, debemos *escoger* la paz. Dave y yo llevamos casados cincuenta y dos años, y puedo decir que hubo veces en que tuvimos que decidir solucionar las cosas en lugar de abandonar.

Cuando las personas se divorcian se debe a que no pueden llevarse bien y en paz. Aunque estoy de acuerdo en que hay ocasiones en las que el divorcio es la única solución, o quizá la mejor solución, debería ser una ocasión infrecuente, y no un evento común y corriente.

Tomar posición

Si escogemos vivir en paz, no podemos tener una actitud casual hacia la preocupación y la ansiedad. Debemos tomar una posición firme contra ellas y orar para que Dios nos ayude a derrotarlas y vencerlas en nuestra vida. La preocupación muestra que nuestra fe en Dios no es tan fuerte como debería ser, y roba la paz a multitudes de personas. Probablemente hay más personas en la tierra que se preocupan que personas que no lo hacen. La preocupación es un hábito destructivo, y puede evitar que seamos productivos en nuestro trabajo y que estemos plenamente presentes en nuestra casa con nuestra familia.

Los pensamientos ansiosos inundan nuestra mente y nublan nuestra razón, evitando que veamos con claridad. Mientras más nos fijamos en un problema, más grande se hace. Quizá comenzamos a preocuparnos por un asunto pequeño, y poco después lo vemos como un gigante que nos atormenta. Las personas que batallan con la preocupación y la ansiedad continuas experimentan a menudo noches sin dormir, dando vueltas y vueltas en la cama con posibles escenarios recorriendo sus pensamientos. La mayoría de las cosas por las que nos preocupamos y tememos nunca suceden, e incluso aunque sucedieran, su efecto sobre nosotros no sería tan atormentador como toda la preocupación que hemos soportado.

La preocupación es un ladrón que nos roba la paz y el gozo. La Biblia dice claramente que el diablo es el ladrón que llega con un solo propósito, que es matar, robar y destruir (ver Juan 10:10). Sin embargo, la buena noticia es que Jesús vino con el propósito de destruir las obras del maligno (ver 1 Juan 3:8). Satanás fue derrotado cuando Dios resucitó a Jesús de la muerte y le dio toda la autoridad en los cielos y en la tierra (ver Mateo 28:18). Todo está bajo sus pies, y como Jesús es cabeza sobre

> Jesús nos ha dado la autoridad que Dios le dio, y necesitamos aprender a usarla.

todas las cosas en la iglesia, también nosotros podemos vencer al enemigo (ver Efesios 1:22). Jesús nos ha dado la autoridad que Dios le dio, y necesitamos aprender a usarla. Dios está por nosotros, y eso significa que no tenemos que preocuparnos.

Jesús nos dio un mandato claro de no preocuparnos, afirmando que la preocupación y el afán no pueden añadir ni una sola hora a nuestra vida (ver Mateo 6:27). De hecho, la preocupación disminuye nuestra calidad de vida. Una cosa que me ayuda cuando comienzo a preocuparme por algo es recordarme a mí misma que eso no hará ningún bien. La preocupación me mantiene ocupada pero no logra nada. A veces tengo que recordarme eso a mí misma varias veces, pero forma parte de resistir al diablo. Él no abandona fácilmente, y nosotros tampoco debemos hacerlo.

La preocupación nos gobierna hasta que confiemos en que Dios peleará nuestras batallas por nosotros a medida que seguimos adorándole y dándole gracias. Creer que Él es bueno y confiar en Él en lo desconocido es el camino más rápido para encontrar paz. Simplemente no podemos preocuparnos y confiar al mismo tiempo. La preocupación es trabajo duro. Un día de preocupación es mucho más difícil que un día de trabajo. Le aliento a que emplee en oración la energía que utiliza preocupándose, y le prometo que verá resultados mucho mejores.

> La preocupación no le quita su tristeza al mañana. Le quita su fuerza al presente.
>
> Corrie ten Boom

Dos versículos en particular me han ayudado mucho al esforzarme por vivir en paz:

> Apártese del mal, y haga el bien; busque la paz, y sígala.
>
> 1 Pedro 3:11

> Apártate del mal y haz el bien; busca la paz y esfuérzate por mantenerla.
>
> Salmos 34:14, NTV

Antes de entender estos dos versículos, solamente deseaba poder tener paz, y oraba por paz. Esperaba pasivamente a que llegara la paz, pensando que, si cambiaran mis circunstancias, entonces podría tener paz. Ninguna cantidad de espera pasiva y de estar inactivos nos producirá paz jamás. Debemos negarnos a vivir sin ella y seguirla con una determinación que finalmente derrotará a Satanás.

Paz con Dios, con uno mismo y con los demás

Para mí, una gran parte de la respuesta con respecto a cómo podemos tener paz radica en 1 Pedro 3:11. Seguimos la paz con Dios, con nosotros mismos y con los demás, y creo que debe ocurrir en ese orden.

La paz con Dios se encuentra en el arrepentimiento y en recibir perdón de los pecados. La encontramos al desarrollar una relación íntima con Dios y entender que Él se interesa profundamente en cada área de nuestra vida y quiere involucrarse en todo lo que hacemos. La descubrimos cuando llegamos a saber cuánto nos ama Dios y cuán preciosos somos para Él. Recibir el perdón y el amor de Dios nos permite aprender a perdonar y a amarnos y estar en paz con nosotros mismos. Ninguno de nosotros merece la ayuda de Dios, pero podemos recibirla por la fe como un regalo de Él, ¡porque Él es bueno!

Aprenda a ser un amigo y aliado de usted mismo. Dios está a su lado y quiere ayudarle, pero si usted está en contra de sí mismo, mantiene abierta una puerta para que el diablo le atormente. Dios peleará por nosotros, pero no podemos estar en contra de nosotros mismos y recibir mucha ayuda de Él.

Hacemos muchas cosas que son equivocadas, y el diablo es rápido para recordarnos todas ellas. Pero también hacemos muchas cosas que son correctas. Aprenda a reconocer sus dones y las cosas que hace bien, y aprecie las habilidades que Dios le ha dado. Enfocarnos en los aspectos negativos de nuestra vida nunca nos ayuda, pero nos roba la paz. Sin duda, deberíamos arrepentirnos de nuestro pecado y de las cosas equivocadas que hacemos, pero cuando lo hayamos hecho, deberíamos recibir el perdón de Dios y negarnos a aceptar culpabilidad y condenación del diablo.

Cuando hayamos aprendido a amar a Dios y a nosotros mismos, podemos comenzar a amar a otras personas, y esta es la meta suprema de Dios. Él quiere que extendamos su amor dondequiera que vayamos.

Disfrutar de paz en las relaciones requiere aprender a ser rápidos en perdonar, ser difíciles de ofender, ser generosos en misericordia, y estar dispuestos a soportar los fallos y debilidades de los demás (ver Romanos 15:1). Tratar a otros como nos gustaría ser tratados es ciertamente la "regla de oro" (ver Mateo 7:12), así se ha llamado. Vivir con esa meta en mente nos ayudará mucho a estar en paz con la gente.

Aceptar a las personas "tal como son" es el primer paso hacia tener paz con ellas. Dios no nos pide que amemos a las personas como nos gustaría que fueran, sino tal como son. Él nos acepta de ese modo, y con el tiempo su amor nos cambia. El mismo principio se aplica a nuestras relaciones con las personas. El amor está primero, ¡y después llega el cambio!

Paz mental

Toda pérdida de paz y descontento comienzan en la mente. Si no aprendemos a guardar nuestros pensamientos y entender el poder que tienen, Satanás gobernará sobre nosotros poniendo continuamente pensamientos erróneos y destructivos en nuestra mente. Aprender a pensar sobre cosas que nos beneficiarán debería ser nuestra meta constante. Podemos escoger nuestros propios pensamientos, y deberíamos hacerlo con cuidado. Por medio de Cristo tenemos la

> Toda pérdida de paz y descontento comienzan en la mente.

capacidad de derribar pensamientos e imaginaciones erróneos. Es cierto que requiere esfuerzo, pero nunca disfrutaremos de paz si no comienza en nuestros pensamientos.

Cuando llegan problemas, podemos pensar en todas las cosas terribles que podrían suceder, o podemos escoger pensar que Dios es fiel y que Él peleará nuestras batallas por nosotros mientras seguimos confiando en Él y somos una bendición para otros. Cuando fallamos, podemos imaginar que Dios está enojado con nosotros o podemos creer lo que nos enseña la Palabra de Dios sobre su amor, su perdón y su misericordia. Igualmente, cuando las personas nos molestan o nos decepcionan, podemos meditar en su ofensa, pero mientras más tiempo lo hagamos, más enojados estaremos. O podemos escoger pensar en el valor de la persona y las cosas buenas que nos gustan de él o ella. También podemos escoger creer lo mejor en lugar de lo peor. Por ejemplo, algunas personas ni siquiera son conscientes de que nos han herido; quizá ellas mismas están experimentando algo doloroso, y lo que dijeron o hicieron nació de su propio dolor. Tal vez necesitan aliento en lugar de aislamiento.

Tras más de cuarenta años de enseñar la Palabra de Dios, me sigue sorprendiendo el poder que tienen nuestros pensamientos sobre nosotros. Digo a menudo: "Donde la mente va, le sigue el hombre". Si tenemos pensamientos terribles, estaremos molestos, pero si pensamos en cosas buenas, disfrutaremos una vida de paz incluso al lidiar con problemas. Pablo escribe que en medio de todos nuestros problemas podemos parecer ovejas que son llevadas al matadero, pero somos más que vencedores por medio de Cristo que nos ama (ver Romanos 8:36-37).

A pesar de cuán frustrantes puedan ser las personas, las necesitamos y tenemos que encontrar un modo de mantenernos juntos en unidad, o le daremos ventaja al diablo en nuestras vidas. Como enseña Pablo, nunca deberíamos dejar que se ponga el sol sobre nuestro enojo.

> Airaos, pero no pequéis; no se ponga el sol sobre vuestro enojo, ni deis lugar al diablo.
>
> Efesios 4:26-27

Decida ahora mismo que nunca volverá a irse a la cama enojado, y estará de camino hacia disfrutar de una vida pacífica. No lo olvide: el Señor peleará por usted, y usted estará tranquilo (ver Éxodo 14:14).

CAPÍTULO 9

¿Cuál es el verdadero problema?

Porque no tenemos lucha contra sangre y carne, sino contra principados, contra potestades, contra los gobernadores de las tinieblas de este siglo, contra huestes espirituales de maldad en las regiones celestes.

Efesios 6:12

Si nunca sabemos cuál es nuestro verdadero problema, pasaremos nuestra vida peleando con cosas y con personas sin resolver nada. Al diablo le encanta cuando no sabemos o recordamos que él es la fuente de toda desgracia, odio, lucha, agitación, y las batallas que luchamos. Si no sabemos que existe el diablo y que él es nuestro enemigo, vivimos en un gran engaño. Él está en contra de todo lo bueno y piadoso, y está especialmente contra Dios y sus hijos (usted y yo).

Existen, sin ninguna duda, verdaderos problemas que hay que enfrentar, hay circunstancias y personas desagradables que nos hieren y abusan de nosotros; pero la fuente de todos los problemas es Satanás. Además de ofrecer soluciones prácticas a nuestros problemas, necesitamos resistir y tomar autoridad sobre el diablo, porque Dios nos ha dado la responsabilidad y el derecho de hacerlo.

Vemos esta verdad en la Escritura al leer sobre el modo en que Jesús trató con Pedro cuando él intentó convencerlo de que no fuera a Jerusalén para sufrir.

Comenzando en Mateo 16:21, Jesús "comenzó a declarar a sus

discípulos que le era necesario ir a Jerusalén y padecer mucho de los ancianos, de los principales sacerdotes y de los escribas; y ser muerto, y resucitar al tercer día". La respuesta de Pedro al anuncio de Jesús fue inadecuada, y Jesús lo reprendió. Pero veamos exactamente lo que Jesús le dijo.

> Entonces Pedro, tomándolo aparte, comenzó a reconvenirle, diciendo: Señor, ten compasión de ti; en ninguna manera esto te acontezca. Pero él, volviéndose, dijo a Pedro: ¡Quítate de delante de mí, Satanás!; me eres tropiezo, porque no pones la mira en las cosas de Dios, sino en las de los hombres.
>
> Mateo 16:22-23

Jesús no estaba diciendo que Pedro era Satanás, sino más bien que Satanás estaba obrando por medio de Pedro e intentando desviarlo del propósito de Dios. Satanás obra mediante diversos medios; lo hace por medio de personas, incluso personas con buenas intenciones, y crea y obra mediante circunstancias de todo tipo. Satanás está detrás de todo pecado, toda guerra, toda lucha, toda desobediencia, y todo lo que no está de acuerdo con Dios y con su Palabra.

Otro ejemplo que vemos en la Biblia está en la historia de una pareja llamados Ananías y Safira, quienes vendieron una propiedad y dijeron que habían dado a la iglesia los beneficios de la venta. Sin embargo, se quedaron con parte de los fondos para ellos mismos, y esto es lo que les dijo Pedro.

> Y dijo Pedro: Ananías, ¿por qué llenó Satanás tu corazón para que mintieses al Espíritu Santo, y sustrajeses del precio de la heredad? Reteniéndola, ¿no se te quedaba a ti? y vendida, ¿no estaba en tu poder?

¿Por qué pusiste esto en tu corazón? No has mentido a
los hombres, sino a Dios.

Hechos 5:3-4

Satanás fue quien estaba detrás de lo que hicieron Ananías y
Safira. Les sugirió que se quedaran con parte de lo que se habían
comprometido a dar. El pecado fue de ellos, pero Satanás lo ins-
tigó. Es evidente que ellos no reconocieron su mentira, ni tampoco tuvieron en consideración las consecuencias de sus actos.
Lo mismo sucede más veces de las que nos gustaría admitir, y
seguirá sucediendo hasta que reconozcamos la verdadera fuente
de nuestros problemas y la abordemos en consecuencia.

Otro ejemplo que tenemos en la Biblia es cuando Judas traicionó a Jesús.

Y entró Satanás en Judas, por sobrenombre Iscariote,
el cual era uno del número de los doce; y éste fue y
habló con los principales sacerdotes, y con los jefes de
la guardia, de cómo se lo entregaría. Ellos se alegraron,
y convinieron en darle dinero.

Lucas 22:3-5

¡El diablo me hizo hacerlo!

Ver que Satanás es la fuente de toda
maldad no significa que podamos
sacudirnos nuestra responsabilidad
de reconocerlo y resistirlo. No podemos meramente decir: "El diablo me
hizo hacerlo", y ser pasivos en cuanto
a emprender la acción contra él.

> *No podemos meramente
> decir: "El diablo me hizo
> hacerlo", y ser pasivos en
> cuanto a emprender la
> acción contra él.*

Ya que los ángeles ejecutan "su palabra, obedeciendo a la voz de su precepto" (Salmos 103:20), una manera segura de obtener su ayuda es decir cosas que les permitan pelear por nosotros. "Satanás, te resisto en el nombre de Jesús" es una frase que podemos decir para hacer saber al diablo que reconocemos que él está obrando, que lo resistiremos, y que vamos a confiar en Dios para que nos ayude en nuestra lucha.

Jesús habló a Satanás, quien estaba obrando por medio de Pedro, y podemos utilizar su ejemplo como un patrón para poder seguir. Use siempre el nombre de Jesús cuando reprenda a Satanás, porque solamente ese nombre es el que tiene el poder para derrotarlo.

> *Use siempre el nombre de Jesús cuando reprenda a Satanás, porque solamente ese nombre es el que tiene el poder para derrotarlo.*

> Por lo cual Dios también le exaltó hasta lo sumo, y le dio un nombre que es sobre todo nombre, para que en el nombre de Jesús se doble toda rodilla de los que están en los cielos, y en la tierra, y debajo de la tierra.
>
> Filipenses 2:9-10

El nombre de Jesús es sobre todo nombre y tiene un poder tremendo. Debido a la obediencia extrema de Jesús, Dios llenó su nombre de gran poder. Dios no solo le dio a Jesús ese nombre poderoso, sino que Jesús nos lo ha dado ahora a nosotros para que lo usemos en lugar de Él y lo representemos. Se nos ha dado "poder notarial" para usar el nombre de Jesús como si Él estuviera físicamente con nosotros. Recientemente yo le di a mi hijo un poder notarial, que es un documento legal que le permite usar mi nombre en ciertos asuntos de negocios que yo no podría manejar al no estar en casa, de modo que entiendo cómo funciona.

Cuando Jesús ascendió a los cielos, nos dio su autoridad, su poder y su nombre para usarlos del mismo modo que Él los usaba. Siempre que usamos el nombre de Jesús, representa todo lo que Él es. El nombre de Jesús es uno de los regalos más poderosos que hemos recibido y, con él, podemos repeler a las fortalezas de las tinieblas. Toda oración ha de ofrecerse en el nombre de Jesús.

> *El nombre de Jesús es uno de los regalos más poderosos que hemos recibido y, con él, podemos repeler a las fortalezas de las tinieblas.*

> Y todo lo que pidiereis al Padre en mi nombre, lo haré, para que el Padre sea glorificado en el Hijo. Si algo pidiereis en mi nombre, yo lo haré.
>
> Juan 14:13-14

El nombre de Jesús es el único nombre por el cual podemos ser salvos (ver Hechos 4:11-12). Bautizamos a las personas en el nombre de Dios Padre, Jesús el Hijo, y el Espíritu Santo.

Una mujer me contó una vez una historia que muestra el poder que hay en el nombre de Jesús. Ella iba conduciendo con su hija pequeña en el auto, quien iba en el asiento del acompañante. Se acercó a un cruce y se dio cuenta de que un auto se dirigía a chocar directamente hacia el lado del acompañante; sabía que, sin intervención divina, no había modo alguno de evitar un accidente. Solamente tuvo tiempo de decir "Jesús". El auto que se dirigía hacia ellas se las arregló para detenerse justo antes de golpear su auto. Cuando ella habló con el hombre tembloroso que conducía el otro vehículo, y le dio las gracias, él dijo: "Usted no lo entiende. Nunca tuve tiempo ni siquiera para poner mi pie en el freno. Cualquier cosa que detuvo el auto, ¡no fui yo!".

Las batallas que peleamos en la vida no son contra carne y sangre; son contra Satanás y su multitud de fortalezas demoniacas, y es nuestra responsabilidad reconocer eso y resistirlo. La autoridad es inútil si no se ejerce, y nosotros podemos reforzar la autoridad que Jesús nos ha dado al recordarle al diablo que sabemos que él ya es un enemigo derrotado, un mentiroso, y aunque tiene poder, es menor comparado con el poder de Dios que está de nuestro lado.

Jesús declara que se nos ha dado poder y autoridad, y que nada puede dañarnos finalmente:

> Y les dijo: Yo veía a Satanás caer del cielo como un rayo. He aquí os doy potestad de hollar serpientes y escorpiones, y sobre toda fuerza del enemigo, y nada os dañará.
>
> Lucas 10:18-19

En primer lugar, quiero destacar que Jesús vio a Satanás caer del cielo cuando fue derribado debido a su orgullo y rebelión. En segundo lugar, quiero destacar que Satanás tiene poder, pero no es rival del poder de Dios. Lucas 10:18-19 no contiene ninguna mención de que Satanás tenga autoridad, pero usted y yo tenemos poder y también autoridad por medio de Cristo. Sin embargo, la autoridad no hace ningún bien a menos que se ejerza, y hacemos eso dejando saber al diablo que reconocemos sus obras y sus mentiras y que no nos postraremos ante ellas. Una oración en el nombre de Jesús es más poderosa que el poder que tiene Satanás.

No se nos promete que Satanás no puede ir contra nosotros, sino que se nos dice de hecho que él puede hacerlo y lo hará; sin embargo, no puede llegar a nosotros ningún daño permanente. Se nos garantiza la victoria completa, y si no la vemos manifestada toda ella en esta vida, la veremos en el cielo. Pablo dijo que en el presente no vemos la victoria total, pero sí vemos a Jesús (ver Hebreos 2:8-9).

Recientemente hemos formado el hábito de decir: "Esto terminará bien", mientras esperamos que llegue nuestra victoria en cualquier área. Sin importar lo que usted esté experimentando ahora, ¡terminará bien! Dios hace que todas las cosas les ayuden para su bien, y lo que Satanás quiso para mal, Dios lo dirige para bien (ver Romanos 8:28; Génesis 50:20).

Principados y potestades

En varios lugares, la Biblia se refiere a principados y potestades. Estos son ángeles que fueron creados por Dios, igual que lo fue Satanás. Cuando Satanás se rebeló en su orgullo, negándose a servir a Dios, fue expulsado del cielo, y aproximadamente una tercera parte de los ángeles que habían sucumbido a su engaño fueron expulsados con él (ver Isaías 14:12-26; Apocalipsis 12:4). Satanás y estos ángeles caídos son los principados y potestades, y las huestes de maldad en los lugares celestiales sobre los que escribe Pablo en Efesios 6:12. Son seres espirituales; por lo tanto, no pueden verse con la vista natural pero su influencia y sus efectos se pueden ver y sentir.

Cuando la Biblia dice que los principados y potestades habitan en los lugares celestiales (ver Efesios 3:10), no se refiere al cielo como nosotros pensamos, donde está el trono de Dios y donde pasaremos la eternidad. Es la atmósfera entre el cielo y la tierra. Las fortalezas demoniacas habitan allí, y desde ahí pretenden gobernar la tierra. Parecen tener acceso a la tierra y a las personas que están en la tierra desde la posición de influenciar sus pensamientos y acciones.

Existe una jerarquía entre estos seres. Algunos son más poderosos que otros y puede que gobiernen sobre ciudades o naciones. Encontramos un relato interesante sobre cómo operan estos espíritus de maldad en el libro de Daniel, capítulo diez. El profeta había estado orando por veintiún días, pidiendo a Dios entendimiento sobre una visión que había tenido, pero aún no había llegado ninguna respuesta. Este relato muestra el valor de ser persistentes en la oración. Daniel no abandonó y obtuvo una respuesta. Un ángel se apareció a Daniel y le dijo lo siguiente.

> Entonces me dijo: Daniel, no temas; porque desde el primer día que dispusiste tu corazón a entender y a humillarte en la presencia de tu Dios, fueron oídas tus palabras; y a causa de tus palabras yo he venido. Mas el príncipe del reino de Persia se me opuso durante veintiún días; pero he aquí Miguel, uno de los principales príncipes, vino para ayudarme, y quedé allí con los reyes de Persia.
>
> Daniel 10:12-13

Por este relato parece que un espíritu malvado al que se refieren como un principado y potestad estaba gobernando sobre Persia, donde vivía Daniel. Dios envió una respuesta a la oración de Daniel el primer día en que él oró, pero esta entidad malvada era lo bastante fuerte como para evitar que el ángel llevara la respuesta. Cuando Daniel siguió orando, Dios envió a Miguel, uno de los arcángeles (ángeles más poderosos), para que tratara con el principado de maldad y, como resultado, el primer ángel pudo llegar hasta Daniel con la respuesta que él buscaba.

Satanás fue creado como un arcángel llamado Lucifer (ver Isaías 14:12); era muy hermoso y Dios lo amaba mucho. Como ya mencioné, era muy poderoso, lo cual hizo que se llenara de orgullo, y se rebeló contra Dios. Fue expulsado del cielo, pero retuvo su poder y ahora intenta utilizarlo para controlar el sistema mundial y a las personas en el mundo.

Millones de personas ni siquiera son conscientes de que existe Satanás; muchos otros, aunque son conscientes de su existencia, no saben que tienen autoridad para resistirlo. Saben que tienen problemas, pero no saben cuál es el verdadero problema. Satanás los distrae inyectando en sus mentes pensamientos, instándolos a culpar de sus problemas a otras personas e incluso a Dios.

No tenemos lucha contra carne y sangre

Pablo comienza Efesios 6:12 diciendo que no tenemos lucha contra sangre y carne, "sino contra principados, contra potestades, contra los gobernadores de las tinieblas de este siglo, contra huestes espirituales de maldad en las regiones celestes". Si nuestra guerra (problemas) no es contra carne y sangre, entonces, ¿contra quién es? Obviamente, nuestros problemas son instigados por el diablo y sus demonios. Sin ninguna duda, ellos pueden obrar, y lo hacen, por medio de personas y de circunstancias para frustrarnos, causar preocupación y ansiedad, y conducirnos hacia la pérdida de la paz y el gozo.

Malgastamos gran cantidad de tiempo estando enojados y luchando con personas cuando deberíamos entender que nuestra guerra es espiritual, no física. A menudo necesitamos lidiar con personas o circunstancias, pero si no entendemos nunca la verdad sobre las fortalezas que están obrando

> *Malgastamos gran cantidad de tiempo estando enojados y luchando con personas cuando deberíamos entender que nuestra guerra es espiritual, no física.*

por medio de ellas, nunca venceremos verdaderamente. Podríamos ganar algunas batallas, ¡pero no ganaremos la guerra!

Pablo enseñó a los corintios que las armas de nuestra milicia no son armas físicas de carne y sangre, sino que nuestras armas son divinamente poderosas para la destrucción de fortalezas (ver 2 Corintios 10:4). Nuestros enemigos no están formados de carne y sangre, y las armas que se nos dan para pelear contra ellos tampoco son de carne y sangre. Dado ese caso, deben ser espirituales. Se nos han dado armas espirituales para luchar contra enemigos espirituales. Dios no nos ha dejado indefensos en nuestra guerra espiritual; nos ha proporcionado armas y armadura, de lo cual escribiré más extensamente en breve.

Nuestra principal arma espiritual, y la más útil, es la Palabra de Dios. Otras armas son el nombre de Jesús, la sangre de Cristo, seguir siendo una bendición y ayudar a otros en sus momentos de prueba, la obediencia a Dios, y la alabanza y adoración. Deberíamos recordar en este punto que Josafat y su ejército ganaron su batalla con adoración (ver 2 Crónicas 20).

Vamos contra el enemigo con armas, y son herramientas ofensivas. Declaramos el nombre de Jesús, creyendo en el poder que hay en ese nombre. Le recordamos al diablo la sangre de Cristo que lo derrotó cuando Jesús murió y resucitó de la muerte. Declaramos la Palabra de Dios. Vencemos al mal con el bien. Obedecemos enseguida a Dios. Adoramos a Dios y cantamos sus alabanzas. Y hacemos todo eso mientras estamos sufriendo o luchando, en una batalla. Hacer lo correcto cuando todo nos va bien es bueno, pero hacer lo correcto cuando todo nos va mal es un arma poderosa que finalmente derrota al diablo.

El problema con el que nos encontramos es la tentación de dejar de hacer lo que deberíamos hacer mientras estamos sufriendo y aislarnos en nuestro dolor y desgracia, a la vez que sentimos lástima por nosotros mismos y culpamos de nuestros problemas a personas y circunstancias. Culpar es asignar responsabilidad por un error u ofensa. Más que nada, culpamos a personas; por lo general, no se nos ocurre que quizá somos nosotros quienes realmente causamos el problema abriendo una puerta a Satanás, refiriéndome a que le permitimos acceso a nuestra vida. Podemos abrirle puertas mediante la desobediencia a Dios, no perdonar a quienes nos han herido, seguir enojados, y de muchas otras maneras. Aunque es cierto que Satanás es la fuerza que está detrás de toda guerra espiritual, debemos aceptar nuestra parte de responsabilidad pidiendo a Dios que nos revele cualquier cosa que podamos haber hecho para abrir la puerta a los problemas que enfrentamos.

Por ejemplo, si somos presionados debido a la deuda o problemas financieros, quizá hemos abierto una puerta mediante la falta de sabiduría en la administración de nuestro dinero. La presión viene del diablo, pero nosotros le dimos la oportunidad al no utilizar la sabiduría y ser buenos administradores de lo que Dios nos ha dado.

Localizar y aceptar responsabilidad por cualquier manera en la que hayamos dado al diablo una oportunidad de acosarnos es lo más sabio que podemos hacer. Dios siempre nos ofrece la oportunidad de arrepentirnos, y Él nos ayudará. El apóstol Santiago escribe que cualquiera que pida sabiduría durante las pruebas la obtiene de parte de Dios sin reproche (ver Santiago 1:5). No obtenemos ayuda al culpar siempre a otra persona de nuestros problemas. Incluso si otra persona nos causó problemas, la única manera de salir de ellos es aceptar la responsabilidad, pedir ayuda a Dios, y no malgastar nuestro tiempo estando enojados y resentidos.

También es posible que hayamos hecho algo para abrir la puerta a que Satanás nos ataque. Me gusta decir que hay dos ocasiones en las que el diablo nos ataca: cuando estamos haciendo algo equivocado y cuando estamos haciendo algo correcto.

En Marcos 4:15, Jesús dice claramente que cuando la semilla de la Palabra de Dios es plantada en nuestros corazones, Satanás intenta robarla inmediatamente. Lo hace causando problemas o persecución, esperando que nos alejemos de Dios; o quizá nos lanza una pesada ráfaga de afanes y preocupaciones. También intenta distraernos con placeres mundanos o con el engaño y la falsa seguridad de la riqueza o la fama. Por lo tanto, sin duda podemos ver que los ataques de Satanás no siempre se deben a algo que hacemos mal; también pueden llegar porque estamos progresando en nuestra relación con Dios, y quiere detenerlo.

Las maneras y razones de que Satanás obtenga acceso a nosotros son muchas, y no podemos hablar de todas ellas en este momento. Lo principal que debemos recordar es que Satanás es la verdadera fuente de nuestros problemas, y si solamente intentamos lidiar con el problema y no tratamos con el diablo, nuestros esfuerzos serán inútiles.

CAPÍTULO 10

Vestido para la batalla

Vestíos de toda la armadura de Dios, para que podáis estar firmes contra las asechanzas del diablo.

Efesios 6:11

Estamos en una guerra espiritual, pero como afirmamos en el capítulo anterior, tenemos armas eficaces con las cuales pelear. Además de nuestras armas, también tenemos armadura. Dios nos da esta armadura para que nos protejamos en la batalla, pero no es suficiente simplemente con tenerla; se nos indica que nos vistamos con ella. El verbo *vestirse* se utiliza varias veces en la Palabra de Dios, y es un verbo de acción; requiere de nosotros que hagamos algo. Cuando yo voy a mi armario cada mañana, mi ropa no salta desde la percha hasta mi cuerpo. Yo la selecciono con atención y después me visto con ella. Me miro en el espejo para ver si esa ropa me queda bien, y si no me gusta cómo me queda, me cambio de ropa.

Creo que verá en este capítulo que con demasiada frecuencia los cristianos no llevan puesta su armadura. Peor aún, algunas veces "se visten" de conductas y actitudes que no les sientan nada bien. Por ejemplo, una actitud de queja no sienta bien a alguien que es un representante de Cristo, y sin embargo, muchos cristianos se quejan regularmente. Una actitud amargada, resentida y poco perdonadora no luce bien en los cristianos, pero hay demasiados que tienen esa actitud. Este tipo de actitudes, en realidad, abren una puerta al diablo en lugar de protegernos contra él. Pero Dios nos ha dado una armadura, y si sabemos cuál es y nos aseguramos de llevarla puesta todo el tiempo, Satanás será mucho menos exitoso en sus ataques contra nosotros.

Efesios 6:14-18 enumera siete cosas que Dios considera nuestra armadura:

1. Verdad
2. Justicia
3. Paz
4. Fe
5. Yelmo de la salvación
6. Palabra de Dios
7. Oración

Antes de mencionar cada parte de la armadura, encontramos el término "vestidos", u otra acción concreta que debemos realizar: *ceñir* nuestros lomos con el cinturón de la verdad, *vestirnos* con la coraza de justicia, *calzar* nuestros pies con las sandalias de la paz, *tomar* el escudo de la fe, *tomar* el yelmo de la salvación, *blandir* la espada del Espíritu, que es la Palabra de Dios, y *orar* por todo en todo tiempo. No estamos protegidos automáticamente de las maquinaciones del diablo simplemente porque seamos creyentes en Cristo. Debemos ejercer nuestra autoridad, y vestirnos con la armadura es una manera de hacerlo.

Como la armadura es invisible, podríamos preguntar: "¿Cómo me visto de algo que no puedo ver?". La armadura es espiritual y funciona para protegernos en la guerra espiritual. El modo de vestirnos con ella es por la fe. Creamos que tenemos estas poderosas partes de la armadura y caminemos en obediencia a cada uno de los principios que representan.

El cinturón de la verdad

La Palabra de Dios es verdad, y cuando estamos en batalla se nos enseña que nos ciñamos el cinturón de la verdad en nuestros lomos. En otras palabras, aférrese con firmeza a su fe en la Palabra de Dios cuando el diablo le esté atacando con sus mentiras y engaños. La Palabra de Dios nos dice que algunas personas no tienen raíces, y cuando llegan las tribulaciones se apartan de su fe en Dios (ver Marcos 4:16-17). Necesitamos estar profundamente plantados en la Palabra de Dios y firmemente convencidos de su validez para que incluso en momento de problemas intensos no cambiemos de idea y comencemos a dudar de lo que creemos en los momentos de tranquilidad.

Esto requerirá vivir por encima de cómo nos sentimos o incluso de cómo pensamos, y hacerlo por lo que sabemos en nuestro corazón que es verdad. Cada uno de nosotros tendrá momentos en los cuales será probado lo que creemos, y es importante que pasemos esas pruebas. Cada vez que lo hacemos, el diablo entiende cada vez más que está perdiendo su tenaza sobre nosotros y que es ciertamente un enemigo derrotado.

> *Cada uno de nosotros tendrá momentos en los cuales será probado lo que creemos, y es importante que pasemos esas pruebas.*

La coraza de justicia

Se nos ha otorgado una relación correcta con Dios mediante nuestra fe en Jesús (ver Romanos 5:17). Jesús llevó nuestros pecados y nos dio su justicia (ver 2 Corintios 5:21). Necesitamos creer esta verdad y negarnos a vivir bajo la culpa y la condenación de pecados de los que nos hemos arrepentido y hemos recibido perdón.

Jesús no solo llevó nuestras iniquidades, también llevó la culpa y las consecuencias de ellas (ver Isaías 53:11). Si nuestros pecados son perdonados y olvidados, según la Palabra de Dios, ¿por qué deberíamos seguir sintiéndonos culpables por ellos? Dios los ha apartado y olvidado; sin embargo, la culpabilidad es un problema inmenso para muchas personas, y nos mantiene aplastados y débiles. Satanás se deleita en acusar al creyente de muchas faltas y errores; sabe que si puede hacer que nos sigamos sintiendo culpables y condenados, nos sentiremos débiles e ineficaces al hacer la obra de Dios, y que eso nos deja tristes y abatidos.

Durante años, la culpabilidad fue uno de mis mayores problemas. Debido a que mi padre me abusó sexualmente, crecí pensando siempre que había algo equivocado en mí y sintiéndome culpable por las cosas que él me decía que teníamos que ocultar. Él intentaba decirme que lo que me estaba haciendo era una cosa buena, pero al mismo tiempo tenía que mantenerlo en secreto siempre. Eso me confundía, y terminé sintiéndome culpable y responsable de lo que él hacía.

Los niños no tienen la capacidad de examinar la mala conducta de un adulto y pensar: *Tienes un problema*. Se apropian de ello, porque es fácil para el diablo hacerles pensar que el problema es culpa de ellos. He oído, por ejemplo, que cuando los padres se divorcian, la mayoría de los hijos creen que es culpa de ellos y que, si se hubieran portado mejor, mamá y papá seguirían juntos. A Satanás le encanta fijar con fuerza el pensamiento equivocado en un niño o niña. Si nos hace creer mentiras cuando somos pequeños, puede que operemos con ese engaño a lo largo de nuestra vida a menos que tengamos la bendición de aprender la Palabra de Dios y aplicarla realmente a nuestra vida.

Yo cargué con sentimientos de culpabilidad hasta que sobrepasé los cuarenta años, y solamente fui librada de ellos estudiando y escudriñando la Palabra de Dios sobre la justicia. No somos, y nunca seremos, justos por nosotros mismos. Dios menosprecia la justicia propia, pero somos justificados mediante la fe en Jesús, porque Él nos da su propia posición delante de Dios.

Saber quiénes somos en Cristo es imperativo si queremos derrotar al diablo. Si él puede conseguir que sigamos sintiéndonos culpables y condenados, gobierna sobre nosotros, pero saber quiénes somos en Cristo nos hace fuertes y nos da ventaja sobre el enemigo. Puede que él nos diga incontables mentiras sobre nosotros mismos, todas las cosas negativas que quiere que creamos, pero conocer la verdad de nuestra identidad en Cristo nos mantiene andando en la verdad y derrotando las mentiras del diablo. Saber que somos la justicia de Dios en Cristo significa que, aunque no lo tengamos todo solucionado, aun así, somos considerados justos ante Dios por medio de nuestra fe. No somos condenados por nuestras faltas, sino que somos

> Saber que somos la justicia de Dios en Cristo significa que, aunque no lo tengamos todo solucionado, aun así, somos considerados justos ante Dios por medio de nuestra fe.

agradecidos cuando Dios las revela, porque eso significa que podemos trabajar con el Espíritu Santo, quien quiere hacernos libres y fortalecernos.

El calzado de la paz

Hemos hablado de la importancia de la paz en un capítulo anterior, pero me gusta la idea de ponernos nuestro calzado de la paz, porque nos ponemos nuestro calzado para caminar y no herirnos.

Esta verdad bíblica nos deja saber que, si nos mantenemos en paz, entonces a pesar de cuáles sean nuestras circunstancias, el diablo no tiene ningún poder sobre nosotros. Nuestra inclinación natural cuando llegan los problemas es molestarnos, guiarnos por las emociones y comenzar a comportarnos según nuestros sentimientos; pero eso es exactamente lo que Dios no quiere que hagamos. Él nos alienta a mantenernos en paz. Al hacerlo podemos sentir que Él nos está guiando a fin de sobreponernos a nuestras circunstancias. No solo podremos oír de parte de Dios, sino que, si el diablo no puede afligirnos o asustarnos, entonces se irá y esperará otra oportunidad para obtener acceso a nuestra vida.

El diablo nunca se limita a decidir dejarnos en paz y no salir contra nosotros o intentar engañarnos. Debemos estar preparados para hacerle frente en todo momento. Recordemos lo que dijo Pedro: el diablo "como león rugiente, anda alrededor buscando a quien devorar" (1 Pedro 5:8).

Pablo escribió a los filipenses que no tener miedo en ninguna situación sería una señal clara y una prueba para sus oponentes de su destrucción, y una señal para ellos de su salvación de parte de Dios (ver Filipenses 1:28). En otras palabras, si nos mantenemos en paz, entonces Satanás sabe que

> *Si nos mantenemos en paz, entonces Satanás sabe que no puede controlarnos.*

no puede controlarnos, y eso da libertad a Dios para derrotar al diablo por nosotros, porque hemos mostrado que nuestra fe está en Él.

La Biblia habla mucho sobre el valor de la paz en la guerra espiritual. Es algo por lo que deberíamos siempre orar y esforzarnos por mantener con la ayuda de Dios. Recuerde: el temor nos mantiene agitados, pero la fe nos mantiene tranquilos.

El escudo de la fe

Se nos enseña que tomemos el escudo de la fe. Hago hincapié en esto porque, simplemente tener fe, no es suficiente; también necesitamos liberar nuestra fe en Dios para poder verla obrar a nuestro favor. Podemos liberar nuestra fe al *orar, declarar* y *hacer*. A lo que me refiero es que la oración ofrecida con fe verdadera es una cubierta sobre nuestras vidas, y es una de nuestras mejores defensas contra las maquinaciones y estrategias del diablo. Lo que decimos es muy importante. Los ángeles obedecen la voz de la Palabra de Dios (ver Salmos 103:20); ellos no nos escuchan ni son movidos a ayudarnos cuando nos quejamos o declaramos palabras de temor, duda e incredulidad. Se nos dice que mantengamos firme nuestra profesión de fe (ver Hebreos 10:23) durante los momentos de problemas y aflicción.

Cuando estamos heridos o asustados, somos tentados a decir muchas cosas negativas y desahogar nuestros sentimientos por medio de palabras, pero esos son momentos en los que necesitamos tener más cuidado. Jesús siempre tenía cuidado con sus palabras, e incluso en su momento de mayor agonía no habló negativamente. Quizá este sea uno de nuestros mayores retos en la vida, pero deberíamos trabajar hacia ello y ver regularmente mejoras en esta área. Se requiere disciplina, dominio propio y mucha ayuda del Espíritu Santo. Le insto a que ore diariamente acerca de las palabras de su boca. Es parte de mis oraciones regulares, y un versículo que me gusta orar está en Salmos 19:14: "Sean gratos los dichos de mi boca y la meditación de mi corazón delante de ti, oh Jehová, roca mía, y redentor mío".

Nuestras acciones también liberan nuestra fe. La fe genuina siempre obedece a Dios. Como dijo el apóstol Santiago, la fe sin obras es muerta, vacía de poder (ver Santiago 2:17). La fe puede verse o ser liberada solamente cuando emprendemos la acción basándonos en lo que decimos que creemos. Yo puedo orar por un empleo si lo necesito, pero también tengo que buscar empleo. Puedo orar por un aumento en las finanzas, pero también necesito ser fiel en mis ofrendas a la obra de Dios y en ayudar a personas que tienen necesidad.

El yelmo de la salvación

Se nos dice que nos pongamos el yelmo de la salvación. Yo creo que esto significa pensar como personas que saben que han sido nacidas de nuevo, que saben que son hijos de Dios, y que saben quiénes son en Cristo. Cuando estamos pasando por pruebas y dificultades, nuestra tentación es mantenernos en muchos pensamientos negativos. El diablo utiliza esos momentos para llenar nuestra mente de pensamientos que hacen que la situación empeore en lugar de mejorar si nos apropiamos de ellos y meditamos en ellos. Tenga cuidado en todo momento con sus pensamientos, pero especialmente en los tiempos difíciles.

Sugiero que no se limite a resistir el pensamiento negativo, sino que también dé el paso extra y piense a propósito en cosas que le ayudarán en su batalla. Por ejemplo, puede pensar pensamientos como los siguientes: *Esto que estoy experimentando terminará bien*, o *Dios hará que esto obre para mi bien; hoy voy a tener una victoria; estoy esperando que suceda algo bueno hoy.* Si vamos a pensar en algo, bien puede ser algo útil. Tenga pensamientos esperanzadores y felices.

La Palabra de Dios

La instrucción de Pablo es tomar la espada del Espíritu, que es la Palabra de Dios. Debemos recordarle al diablo lo que Dios dice sobre nuestra situación. Cuando el diablo tentó a Jesús por cuarenta días y noches en el desierto, cada vez que el diablo le decía una mentira, Jesús respondía: "Escrito está...", y citaba una escritura que refutaba la mentira (ver Mateo 4:1-11). Nosotros deberíamos hacer lo mismo. Dios dijo: "aquel a quien fuere mi palabra, cuente mi palabra verdadera" (Jeremías 23:28).

Se hace referencia a la Palabra de Dios como la espada del Espíritu. Cuando declaramos la Palabra es como si estuviéramos blandiendo una espada, usándola para protegernos y atacar a nuestro enemigo, el diablo. Satanás aborrece que le recuerden las promesas de Dios.

> *Satanás aborrece que le recuerden las promesas de Dios.*

La oración

La última instrucción de Pablo con respecto a la armadura de Dios es cubrir todo con oración. Dice que debemos orar "en todo tiempo", y para ese fin debemos estar vigilantes y mantenernos alertas (ver Efesios 6:18). Recuerde: la oración es uno de los mayores privilegios que se nos han dado. En cualquier momento, usted y yo podemos pedir la ayuda de Dios y estar seguros de que Él responderá.

Deberíamos orar por otras personas que están en necesidad o que están peleando batallas. Ellos necesitan la fortaleza que les dan nuestras oraciones, igual que nosotros necesitamos la fortaleza de las oraciones de nuestros amigos y familiares. La intercesión, o ponernos en la brecha por alguien, es uno de los mayores ministerios que Dios nos da a todos nosotros. Somos llamados a interceder por aquellos que tienen necesidad. Pablo lo entendía, y pedía regularmente a las iglesias que orarán por él.

Comience su día con oración y continúe a lo largo del día. Hable con Dios en todo momento, sobre cualquier asunto.

La armadura de Dios es espiritual, y a la vez es muy práctica. Cada mañana podemos recordarnos a nosotros mismos estas siete partes de la armadura y asegurarnos de tener cada una de ellas en su lugar. Podemos hacernos estas preguntas:

- ¿Estoy creyendo y caminando en la verdad?
- ¿Me veo a mí mismo como la justicia de Dios en Cristo?
- ¿Estoy caminando en paz?
- ¿Estoy viviendo por la fe al orar, declarar y obedecer la Palabra de Dios en todas las áreas de mi vida?
- ¿Estoy pensando como un hijo de Dios?
- ¿Estoy estudiando y declarando la Palabra de Dios regularmente?
- ¿He desarrollado el hábito de orar a lo largo del día?

Es fácil quedarnos tan enredados en la batalla que nos preocupamos en lugar de orar, y comenzamos a tener pensamientos negativos en lugar de tener los que Dios quiere que pensemos. También es fácil hablar negativamente debido a nuestras emociones o comenzar a sentirnos culpables, pensando que nuestros problemas provienen de algún pecado que hayamos cometido. Quizá hemos abierto una puerta para el enemigo a través del pecado, pero podemos cerrarla tan rápidamente como la abrimos al arrepentirnos del pecado. Dios no es el autor de nuestros problemas. El diablo lo es, y siempre deberíamos recordar eso.

Usted nunca saldría de su casa sin llevar puesta su ropa (al menos espero que no lo haría), y tampoco deberíamos salir sin estar vestidos espiritualmente. Yo paso una gran cantidad de tiempo cada mañana al vestirme con ropa que me siente bien y arreglándome el cabello y el maquillaje, y muchos de ustedes también lo hacen. Quizá si pasáramos igual cantidad de tiempo vistiéndonos espiritualmente tendríamos menos problemas con el diablo, porque él no podría llegar hasta nosotros.

La armadura de Dios es un paquete de regalos maravillosos que Dios nos ha dado, y lo único que tenemos que hacer es vestirnos de ellos. Dios no nos ha dejado indefensos en este mundo para pelear por nosotros mismos sin tener ayuda. El Espíritu Santo es nuestro ayudador, y Él nunca nos deja ni nos abandona. Él nos mostrará qué hacer en cada situación si escuchamos y nos mantenemos en fe mientras esperamos que se produzca nuestra victoria; pero no siempre obtenemos una liberación inmediata. Como dijo Pablo: "Por tanto, tomad toda la armadura de Dios, para que podáis resistir en el día malo, y habiendo acabado todo, estar firmes" (Efesios 6:13). Mientras se mantiene firme, asegúrese de no quitarse su armadura.

Nadie, sino Dios, sabe el momento exacto de su liberación, pero llegará en el momento correcto. Mientras tanto, usted está obteniendo experiencia que le hará más fuerte para el futuro. Isaías escribió que no deberíamos tener temor, porque Dios usará nuestras dificultades para convertirnos en nuevas y útiles trilladoras, y moleremos los montes y los reduciremos (ver Isaías 41:15). No sé de usted, pero a mí me gusta cómo suena eso.

Pasar por dificultades no es muy divertido, pero mantener nuestra mirada en el premio nos da fortaleza para soportar. Saber que tenemos la victoria y vivir en la paz de Dios son bendiciones que Dios quiere que disfrutemos. No solo podemos saber que somos más que vencedores mientras sigue rugiendo la batalla, sino que el diablo también lo sabe.

El león

Una historia que encontré de un autor anónimo establece un punto importante sobre la guerra espiritual:

> Dos exploradores estaban en un safari por la jungla cuando de repente saltó delante de ellos un feroz león. "Mantén la calma", susurró el primer explorador. "¿Recuerdas lo que leímos en ese libro sobre animales salvajes? Si te quedas totalmente quieto y miras a los ojos al león, él se dará la vuelta y huirá".
>
> "Claro", respondió su compañero. Tú has leído el libro, y yo he leído el libro. Pero ¿ha leído el león el libro?".

Sí, el diablo, que llega como un león rugiente y hambriento buscando a quien atrapar y devorar, ha leído el libro; él conoce la Palabra de Dios, pero si nosotros no la conocemos, sus maquinaciones y engaños nos derrotarán. Leer y estudiar el Libro (la Biblia) es una de las mejores inversiones de tiempo que podemos hacer jamás.

CAPÍTULO 11

Fortaleza para la batalla

Por lo demás, fortaleceos en el Señor, y en el poder de su fuerza.

Efesios 6:10

En el capítulo anterior, tratamos Efesios 6:11-18 y la armadura espiritual que Dios ha proporcionado y nos ha indicado que nos pongamos a fin de estar vestidos adecuadamente para la batalla. Pero si no entendemos el significado y la importancia de Efesios 6:10, el versículo que está justamente antes, descubriremos que a pesar de lo que nos pongamos o intentemos utilizar para pelear nuestras batallas, ¡nada funcionará!

Me gusta cómo expresa este versículo la Biblia Amplificada (traducida del inglés):

> En conclusión, sean fuertes en el Señor [obtengan sus fuerzas de Él y sean empoderados a través de su unión con Él] y en el poder de su fuerza [ilimitada].

Nuestra fuerza y fortaleza están en Cristo. Él está en nosotros y nosotros estamos en Él. Obtenemos nuestra fuerza de Él cuando vivimos en una relación cercana e íntima con Él. Llegamos a ser uno con Cristo mediante nuestra fe y en la comunión con Él. El apóstol Juan escribe sobre la importancia de "permanecer" en

Cristo, y eso significa vivir, habitar y mantenernos con Él (ver Juan 15:5-11). En otras palabras, la fortaleza de Dios no llega meramente a quienes asisten a la iglesia y creen que Dios existe y que Jesús es su Hijo, quien murió por nuestros pecados. La fortaleza de Dios llega a quienes viven la vida con Él, en Él y por medio de Él. Ellos saben que no pueden hacer nada sin Él, y no malgastan su tiempo intentando hacerlo. Pablo dijo: "porque en él vivimos, y nos movemos, y somos" (Hechos 17:28). Eso no parece una relación casual, sino una relación muy comprometida y seria.

Yo había hecho profesión de fe mucho tiempo antes de llegar a ser una cristiana seria y totalmente comprometida. Al mirar atrás ahora me doy cuenta de que el diablo tuvo éxito en controlarme, incluso mi conducta, porque yo no tenía ningún entendimiento bíblico de que él era mi verdadero enemigo, y sin duda alguna, no sabía que tenía a mi disposición poder divino. Creía que Dios era poderoso, pero nunca me enseñaron que su poder podía ser mío solamente si sabía cómo recibirlo.

Efesios 6:10 merece un capítulo entero dedicado a él en este libro, porque es el preludio para ganar nuestras batallas contra el enemigo. Ninguno de nosotros, a pesar de cuán religiosos podamos ser, tiene la fortaleza para derrotar al diablo. Él no nos tiene temor a menos que sepamos quiénes somos en Cristo. El término "en Cristo" se ve con frecuencia en el Nuevo Testamento, y el apóstol Pablo lo utiliza frecuentemente en Romanos y las Epístolas.

Estar "en Cristo" significa que creemos en Él, pero también significa que hacemos todo en nuestra vida *con* Él y *para* Él. Nuestra fortaleza proviene de ese tipo de relación. No deberíamos intentar vivir la vida por nosotros mismos y después, cuando pensamos que tenemos un problema realmente grande, clamar a Dios para que nos fortalezca. Necesitamos entender que no podemos hacer nada sin Él (ver Juan 15:5). Lo necesitamos a Él y necesitamos su fortaleza en cada momento y cada día. Necesitamos que Él nos rodee con su poderosa presencia en todo momento.

Dios ha puesto a nuestra disposición ese poder sobrenatural. La palabra *fuerte* está tomada de un compuesto de dos palabras griegas: *en* y *dunamis*, convirtiéndose en *endunamoo*. Obtenemos nuestra palabra *dinamita* de la palabra *dunamis*, porque significa "fuerza explosiva, capacidad o poder". Las dos palabras juntas comunican la idea de estar llenos de este poder asombroso. No solo tenemos este poder, sino que también tenemos la autoridad para utilizarlo. Pablo recuerda claramente a las personas que, en Cristo, tienen el poder para permanecer exitosamente contra los principados y potestades que les atacan.

Si queremos vencer los ataques del diablo contra nosotros, debemos tener este poder. No es opcional; es imperativo. Lo pedimos, lo recibimos por la fe, confiamos en él y nos negamos a intentar cualquier cosa sin tenerlo. Quizá no nos sentimos poderosos en todo momento, pero el poder de Dios es algo que recibimos mediante la fe y no mediante los sentimientos. Veremos el resultado del poder de Dios en nuestras vidas si confiamos regularmente en él. ¡Somos fuertes solamente en el Señor!

Pablo escribió a los filipenses que él lo podía todo en Cristo, quien era su fortaleza (ver Filipenses 4:13). Él siempre dejó claro que nuestra fortaleza, nuestro poder, nuestra capacidad y nuestra fuerza provienen de Cristo. Somos débiles, ¡pero Él es fuerte! Pablo hizo que fuera fácil ver eso en 2 Corintios 12:7-10 cuando escribió que la fuerza o el poder de Dios se perfecciona y se muestra más eficazmente en nuestra debilidad. Solamente porque somos débiles es que Dios nos ofrece su fortaleza. Si recordamos humildemente que sin Él no somos nada y no podemos hacer nada, pero en Cristo somos fortalecidos y podemos hacer todo, entonces viviremos vidas eficaces en las que las estrategias y los engaños del diablo no tengan éxito contra nosotros. Él nunca dejará de intentarlo, pero a medida que nos mantengamos alertas y vigilantes, no tendrá éxito. Recordemos que, en medio de las dificultades, somos más que vencedores por medio de Cristo que nos ama (ver Romanos 8:37).

El más grande vive en nosotros

El apóstol Juan escribe sobre el anticristo (el diablo), y todos aquellos que no confiesan a Jesús. Dice que ya los hemos vencido porque Aquel que está en nosotros es mayor que el que está en el mundo, refiriéndose al diablo (ver 1 Juan 4:4).

Satanás tiene poder; es inteligente, astuto, engañoso, determinado y capaz. Se aprovecha de cada oportunidad que se le da. Nuestro propio poder e inteligencia ni siquiera se acercan a ser rivales para él, pero el poder de Cristo es mucho más grande que el suyo, y su Espíritu vive en nosotros. Aquel que está en nosotros es mayor que el diablo. Aquel que está por nosotros es mayor que quien está contra nosotros.

El poder de Satanás no es rival para el poder del Espíritu Santo. Dios nunca nos pide que hagamos nada sin darnos el poder para hacerlo. Él nos ha mandado a resistir y a mantenernos firmes contra el diablo y sus fuerzas demoniacas, y tenemos lo necesario para hacerlo mientras recordemos que Dios es nuestra fortaleza.

Pablo nos enseña que somos fuertes en el poder de su fuerza (de Cristo). La palabra traducida como *poder* es una palabra importante. Proviene de la palabra griega *kratos*, que es la misma palabra utilizada para describir que Dios resucitó a Jesús de la muerte. ¡Tenemos ese mismo poder en nosotros! Se nos dice que, si el Espíritu de aquel que levantó a Cristo de la muerte vive en nosotros, Él avivará o dará vida a nuestros cuerpos mortales (ver Romanos 8:11). La vida que nos da no es solamente la capacidad de caminar y respirar, sino también de ser poderosos y vivir como más que vencedores.

Deténgase por un momento y asimile esta verdad: ¡el mismo poder que resucitó a Cristo de la muerte vive en usted!

> ¡El mismo poder que resucitó a Cristo de la muerte vive en usted!

Solamente pensemos en el sepulcro donde estaba el cuerpo muerto de Jesús. Consideremos cuán oscuro y frío debió estar. Había soldados romanos afuera guardándola, pero la mañana de la resurrección, el poder de Dios inmensurable, inimaginable y sin igual entró en ese sepulcro oscuro y lo llenó de luz. La vida de Dios entró en el cuerpo que yacía allí, el sepulcro se abrió de par en par, y los soldados cayeron a tierra. Estuvieron paralizados por este gran poder, totalmente incapaces de moverse hasta que la resurrección de Jesús quedó completada.

Ahora volvamos a pensar en eso: ¡este mismo poder mora en usted y en mí como creyentes en Cristo! Es un poder que derrota a Satanás, cambia circunstancias, sana cuerpos enfermos, y nos permite mantenernos fuertes en las tormentas de la vida. Nos permite hacer cualquier cosa que tengamos que hacer, y está a nuestra disposición sin límite.

Sea fuerte mentalmente

A pesar de lo que es nuestro en Cristo, si no creemos que es nuestro no nos hacen ningún bien práctico. Como ya hemos establecido, nuestros pensamientos son muy importantes, y nos preparan para la acción. En mi vida he conocido a muchas personas débiles mentalmente, y a veces mi vida se ha visto afectada adversamente por algunas de esas personas. Ellos creían que no podían hacer cosas y, por lo tanto, no lo intentaban. Mi madre no creía que podía enfrentar el escándalo de que las personas supieran que mi padre abusaba de mí sexualmente, de modo que se mantuvo a su lado y ocultó la verdad. Su debilidad nos hizo daño, a mi hermano y a mí, y destruyó su oportunidad de tener una buena vida ella misma. Al no confrontar a mi padre, permitió que él siquiera hiriendo a personas.

Tristemente, el mundo está lleno de personas que son débiles mentalmente. La mayoría de ellas son incrédulos, pero muchas son creyentes que aún no saben quiénes son en Cristo y quién es Él en ellas.

Deberíamos ser fuertes mentalmente. Recuérdese a usted mismo cada día, y varias veces al día si es necesario, que usted es fuerte en el Señor y en el poder de su fuerza. Que el más grande está vivo en usted, y su fortaleza se perfecciona en su debilidad. Diga en voz alta varias veces al día: *"Soy fuerte en el Señor"*.

Que su pensamiento sea: *Puedo hacer cualquier cosa que necesite hacer en la vida por medio de Cristo*. Pablo nos dice que somos más que vencedores por medio de Aquel que nos ama y que nada puede separarnos de ese amor (ver Romanos 8:37-39). Yo creo que ser más que vencedor significa que sabemos que tenemos victoria antes de que incluso comience la batalla. Significa que creemos y llenamos nuestra mente de pensamientos de fuerza, poder, capacidad y fortaleza. Está llena de pensamientos de "puedo hacerlo" y no de "no puedo hacerlo".

Si forma el hábito de ser fuerte mentalmente, eso le preparará para cualquier cosa que llegue a su camino en la vida. No todas las tormentas están en las previsiones, y necesitamos vivir listos para cada una de ellas, no simplemente intentar prepararnos cuando ya estamos en el fragor de la batalla.

Además de los versículos de la Escritura que ya he mencionado, aquí tenemos algunos otros que debería aprender y meditar regularmente en ellos para ayudarle a ser fuerte mentalmente. Al llenar su mente de ellos, en lugar de verse a usted mismo débil, incapaz e inseguro se verá fuerte en Cristo y capaz de hacer lo que haya que hacer. Este nuevo modo de pensar añadirá entusiasmo a su vida, y se sentirá por encima de las cosas en lugar de por debajo de todas las pruebas y afanes del mundo.

- "El da esfuerzo al cansado, y multiplica las fuerzas al que no tiene ningunas" (Isaías 40:29).
- "Pero los que esperan a Jehová tendrán nuevas fuerzas; levantarán alas como las águilas; correrán, y no se cansarán; caminarán, y no se fatigarán" (Isaías 40:31).
- "No temas, porque yo estoy contigo; no desmayes, porque yo soy tu Dios que te esfuerzo; siempre te ayudaré, siempre te sustentaré con la diestra de mi justicia" (Isaías 41:10).
- "Pero fiel es el Señor, que os afirmará y guardará del mal" (2 Tesalonicenses 3:3).

No puedo exagerar en exceso la importancia de pensar en estos versículos y otros similares regularmente. No deje pasar ni un solo día sin pensar y decir: "Soy fuerte en el Señor y en el poder de su fuerza" (ver Efesios 6:10). Mantenga su mente renovada con la Palabra de Dios; de otro modo, los pensamientos mundanos se colarán lentamente y el diablo llenará su mente de pensamientos que dicen *No puedo* y *No soy*.

No tenemos la capacidad de hacer cualquier cosa que queramos hacer, pero sí tenemos la capacidad de hacer lo que Dios quiere que hagamos si solamente lo creemos.

A menos que antes seamos fortalecidos con el poder de Dios, es inútil intentar ponernos, y mucho menos mantener, la armadura de Dios mencionada en Efesios 6:11-18.

Su autoridad como creyente

No solo tenemos *poder* mediante nuestra unión con Cristo, sino que también se nos ha dado la *autoridad* para utilizarlo. Toda potestad en los cielos y en la tierra ha sido dada a Jesús, y Él nos la ha dado a nosotros (ver Mateo 28:18-20). No estamos a la espera de obtener su poder algún día; nos ha sido dado, y necesitamos creer que lo tenemos.

Dios nos creó para ser cabeza y no cola, para estar por encima y no por debajo (ver Deuteronomio 28:13). Dios nos creó para gobernar, no para ser esclavos y que nos gobiernen. En el huerto del Edén, Él les dio a Adán y Eva autoridad sobre los animales y el huerto, diciéndoles que fueran fructíferos y se multiplicaran, y cuidaran del huerto. También les dijo que sometieran la tierra (ver Génesis 1:27-28).

Cuando Jesús envió a sus discípulos a ministrar, les dio el derecho de ejercer poder y autoridad sobre todos los demonios y sanar enfermedades (ver Lucas 9:1). Podemos estar seguros de que Dios nunca nos enviará a hacer nada sin darnos el poder y la autoridad para hacerlo.

Algunas de las palabras que se utilizan para describir la autoridad son *dominio, jurisdicción* y *control.* Autoridad es también el derecho a dar órdenes o tomar decisiones, y es una cualidad que da a la persona seguridad en sí misma. La Palabra de Dios nos dice que ya tenemos y poseemos ahora este poder y autoridad (ver Lucas 10:19), y que deberíamos actuar como si lo creyéramos.

Por ejemplo, deberíamos caminar con la cabeza alta, no agachada. Deberíamos mirar directamente a las personas cuando hablamos con ellas, y deberíamos hablar con voz clara y no musitando. Es fácil detectar a alguien que se siente insignificante y débil; tiene cierto semblante y conducta que indican falta de confianza, pero también podemos reconocer a quienes son seguros de sí mismos, que saben quiénes son, y que creen que pueden hacer lo que sea necesario hacer en cualquier situación.

Somos representantes de Dios en la tierra y deberíamos actuar como tales, especialmente cuando se trata de lidiar con el diablo y sus demonios. No debemos tener temor, carecer de confianza, ser débiles mentalmente y dudosos. Es tiempo de entender que tenemos poder y autoridad.

Jesús les dijo a sus discípulos que se le había dado toda autoridad en los cielos y en la tierra, y después les ordenó que fueran e hicieran discípulos a todas las naciones (ver Mateo 28:18-20). La deducción obvia en estos versículos es que Él les está transfiriendo su autoridad para que ellos puedan obedecer sus instrucciones.

Pablo escribe que Dios Padre ha puesto todas las cosas en sujeción bajo los pies de Cristo, y lo ha designado cabeza suprema de todas las cosas en la iglesia, la cual es su cuerpo (ver Efesios 1:22-23). Cristo es la Cabeza, y nosotros los creyentes somos considerados su cuerpo porque somos quienes caminan en la tierra y somos las manos y los pies de Jesús. Hacemos en su nombre la obra que Él comenzó mientras estuvo aquí en la tierra. Si todas las cosas están bajo sus pies, entonces están bajo nuestros pies, porque nosotros somos su cuerpo. El conocimiento de estas verdades espirituales debería darnos una confianza poderosa y a la vez tranquila que nos permita resistir toda oposición y hacer grandes obras en el nombre de Jesús y para su gloria.

Pregúntese qué siente y cree sobre estas cosas que está leyendo. ¿Es valiente, seguro de sí mismo, no derrotado fácilmente, determinado y osado? ¿Es usted fuerte mentalmente? ¿Cree que todo lo puede en Cristo que le fortalece? ¿Se ve como alguien con autoridad, alguien que es cabeza y no cola?

Si se ve a usted mismo como Dios le ve, cada día puede ser una aventura emocionante, incluso si su día es común y corriente. Como creyentes en Cristo, con su poder y autoridad, podemos vivir una vida ordinaria de manera extraordinaria. La autoridad que tenemos nos da la capacidad de tener paz en medio de la tormenta, gozo en circunstancias difíciles, y certeza cuando todo a nuestro alrededor se sacude.

> Como creyentes en Cristo, con su poder y autoridad, podemos vivir una vida ordinaria de manera extraordinaria.

Es mi oración que se vea a usted mismo de un modo totalmente nuevo. Vaya con la cabeza alta y camine por la vida esperando que cosas buenas le sucedan a usted y por medio de usted. Tan solo una persona que entienda quién es en Cristo puede cambiar el mundo para mejor, y usted puede ser quien lo haga. Es usted importante para el plan de Dios, ¡y tiene toda la autoridad que necesita!

CAPÍTULO 12

La importancia de la vigilancia

Sed sobrios, y velad; porque vuestro adversario el diablo, como león rugiente, anda alrededor buscando a quien devorar.

1 Pedro 5:8

Una persona vigilante es alguien que está alerta y tiene un ojo atento a las cosas. Por ejemplo, un conductor vigilante ve rápidamente y se detiene ante peatones que están cruzando la calle. Una persona que es vigilante con sus finanzas no se meterá en una deuda opresiva y terminará sin poder pagar sus facturas. Al caminar por este mundo, es beneficioso ser vigilantes en todas las áreas, y especialmente es beneficioso estar alertas al diablo para que él no se cuele en nuestras vidas y nos engañe. Casi no hay ningún límite en las maneras, tanto grandes como pequeñas, en que el diablo conspira para arruinar la obra de Dios y atacar a su pueblo; trabaja duro y desea llevar a los cristianos a ataduras e infelicidad.

El libro de Juan Bunyan, *El progreso del peregrino*, fue publicado en 1678. Bunyan lo escribió para ayudar a los creyentes a entender lo que enfrentarían y cómo ser vigilantes y vencer al enemigo. Esta historia alegórica sobre cómo los cristianos pueden hacer progreso en su caminar con Dios presenta una imagen clara de las maquinaciones del diablo y representa a un hombre que se ha arrepentido de su pecado y ha recibido a Cristo como su Salvador; pero sus problemas no terminan ahí.

Enseñar a las personas que cuando son salvas sus problemas se terminan es un error craso. A menudo les digo a las personas que aceptan a Cristo en mis conferencias que convertirse en un hijo o hija de Dios no significa que nunca volverán a tener problemas. Significa, sin embargo, que nunca tendrán que pelear solos sus batallas. También les digo que su peor día con Jesús será mejor de lo que fue su mejor día sin Él.

Se han escrito algunos libros estupendos y similares a *El progreso del peregrino* sobre el tema del conflicto del alma tras la salvación, pero según D. Martyn Lloyd-Jones, la mayoría de ellos se escribieron antes de 1880. Este tipo de literatura era característico de la era puritana, pero se ha producido muy poco desde entonces, ni se acerca a lo suficiente para equipar a los cristianos para la batalla en la que están. Juan Bunyan lo llamaba la "guerra santa", y Richard Sibbes lo llamó "el conflicto del alma". En la actualidad, nos referimos a ello como "guerra espiritual".

He sido muy bendecida personalmente por partes de un libro más reciente que me ha ayudado, y es *El hombre espiritual*, de Watchman Nee, porque habla detalladamente del tema del alma y el conflicto que experimentamos a medida que maduramos en Cristo.

Necesitamos escribir y enseñar sobre las asechanzas del diablo, especialmente sobre las maneras en que intenta afligir a los creyentes. Si somos advertidos de antemano, entonces podemos estar armados de antemano. Si entendemos cómo llega el diablo contra nosotros y si sabemos cómo resistirlo, podemos estar preparados para combatir sus ataques en lugar de ser agarrados por sorpresa y derrotados. Esta es una de las razones por las que he escrito este libro.

El Antiguo Testamento relata una historia sobre cómo condujo Dios a los hijos de Israel a la Tierra Prometida por una ruta
mucho más larga de lo necesario.

> Y luego que Faraón dejó ir al pueblo, Dios no los llevó
> por el camino de la tierra de los filisteos, que estaba
> cerca; porque dijo Dios: Para que no se arrepienta el
> pueblo cuando vea la guerra, y se vuelva a Egipto.
>
> Éxodo 13:17

Esto me ha parecido siempre interesante, y creo que Dios nos
está diciendo mediante esta historia que podemos esperar oposición cuando comenzamos a tomar personalmente sus promesas.
Por esa razón, Dios a menudo tiene que llevarnos a todo lo que
nos ha prometido por un camino largo o difícil. Como resultado,
crecemos en el conocimiento de quiénes somos en Cristo, entendemos que tenemos autoridad sobre el enemigo, y aprendemos a
reconocer y resistir sus tácticas.

A Satanás le encanta que seamos ignorantes, y la ignorancia
es lo único que nos queda si no tenemos conocimiento. Las personas perecen por falta de conocimiento (ver Oseas 4:6), pero
Dios quiere que estemos bien informados. Le insto a buscar información que le ayudará a prepararle para permanecer firme en la
batalla y saber que Dios peleará por usted.

Dios sabe que si tenemos temor y nos damos media vuelta cada
vez que la vida se pone difícil, nunca poseeremos lo que Jesús nos
dio con su muerte, de modo que trabaja con nosotros y nos enseña
a conocer a nuestro enemigo y estar seguros de que él puede
venir contra nosotros por un camino, pero huirá de nosotros por
otros siete caminos (ver Deuteronomio 28:7). Necesitamos confiar en Dios, y eso solamente llega cuando experimentamos su

liberación. Cada vez que tenemos un problema y confiamos en Dios y vemos victoria, nos hacemos un poco más fuertes y las maquinaciones de Satanás nos afectan menos la próxima vez que nos ataca. Le recuerdo de nuevo que no tenemos lucha contra carne y sangre. Nuestra guerra no es contra personas, o contra nuestras circunstancias, sino contra Satanás, la verdadera fuente de toda desgracia.

Viva con diligencia

Pablo nos exhorta a vivir "con diligencia" (ver Efesios 5:15), lo cual significa vivir vigilantes contra la tentación y la maldad. Otras frases bíblicas con significados similares al de *vigilante* incluyen "estar alerta", "no dormirse" y "estar en guardia". Numerosas escrituras nos enseñan que prestemos mucha atención a lo que está sucediendo, y es porque tenemos un enemigo formidable, astuto y engañoso que tiene planes para nuestra destrucción. Me gusta Efesios 5:15-17, y creo que necesitamos tiempo para considerarlo con atención.

> Mirad, pues, con diligencia cómo andéis, no como necios sino como sabios, aprovechando bien el tiempo, porque los días son malos. Por tanto, no seáis insensatos, sino entendidos de cuál sea la voluntad del Señor.

A veces podemos volvernos pasivos o perezosos en nuestra vigilancia, especialmente con respecto a las cosas espirituales. Aunque hemos aprendido verdades espirituales, debemos mantener fresco nuestro conocimiento. Por eso, Pablo nos alienta a estar "firmes en la libertad" que hemos obtenido en Cristo y no

estar atados de nuevo al "yugo de
esclavitud" del cual hemos sido
liberados (ver Gálatas 5:1). Lo que
quiere decir está claro: podemos
obtener libertad y ser diligentes

> *Aunque hemos aprendido verdades espirituales, debemos mantener fresco nuestro conocimiento.*

por un periodo de tiempo, pero si no tenemos cuidado, nos vol-
vemos aletargados o inactivos y nos encontramos en esclavitud
otra vez.

Por ejemplo, sabemos tener cuidado con nuestros pensamientos y palabras, y sin embargo a veces somos tentados a pensar y
hablar de maneras que no están en línea con la Palabra de Dios,
porque no nos damos cuenta de que Satanás es la fuente de tales
pensamientos y palabras. Yo experimento ataques en mi mente
igual que todo el mundo, y he orado para que el Espíritu Santo me
haga consciente cuando entren en mi mente pensamientos prove-
nientes del diablo. Cuando Él lo hace, si estoy a solas digo: "No,
Satanás, eres un mentiroso y no recibo ese pensamiento". Si no
estoy en un lugar donde puedo hablar en voz alta, resisto en silencio y él se aleja a la espera de otra ocasión para volver a intentarlo.

Todos desearíamos poder llegar al punto en el que no tengamos que lidiar con el diablo, pero eso no sucederá mientras
estemos en la tierra. El enemigo luchó contra Jesús hasta el final,
y hará lo mismo con nosotros. Resistir a Satanás no tiene que ser
trabajo duro. Creo que en realidad podemos aprender a disfrutar
de reconocer rápidamente sus maquinaciones, sabiendo que tenemos autoridad y poder para resistirlo.

Yo duermo muy profundamente en la noche, y a veces nuestro
hijo regresa a casa muy tarde para usar nuestro equipo de ejercicio. Él me ha dicho a menudo: "Entré e hice todo tipo de cosas, y
ni siquiera te diste cuenta de que estaba ahí. Es bueno que yo no

sea ladrón, porque podría haberme llevado la mitad de la casa y no te habrías enterado".

Así pasa si no somos diligentes contra el enemigo. Él llega a nuestra vida y nos roba, y ni siquiera reconocemos lo que está sucediendo. Necesitamos despertar y vivir con más diligencia.

Como escribió D. Martyn Lloyd-Jones en *The Christian Warfare* (La guerra espiritual cristiana), uno de los mayores déficits de la iglesia es la enseñanza sobre las maquinaciones y el engaño del diablo. Él es nuestro enemigo, pero Dios peleará nuestras batallas a nuestro lado si nosotros hacemos nuestra parte. Algunas personas prefieren no escuchar sobre el diablo, pero eso es un error. No tenemos que ser excesivos en nuestra enseñanza y estudio en esta área, pero tampoco deberíamos ignorarla.

Si nos falta conocimiento en esta área, no estaremos preparados cuando ataque el enemigo. La parábola de Jesús de las diez vírgenes, en Mateo 25:1-13, nos enseña lo que sucede cuando no estamos bien preparados. Las diez vírgenes tomaron sus lámparas y salieron a encontrarse con el novio. Cinco de ellas eran necias (inconscientes y despreocupadas), y cinco eran sabias. El novio se demoró, y todas se quedaron dormidas mientras lo esperaban. Cuando él llegó y ellas se despertaron, las vírgenes necias se dieron cuenta de que no habían llevado aceite extra para sus lámparas. Solamente habían llevado aceite suficiente para que todo saliera a la perfección, según sus planes, y nada más. Eran como las personas que nunca hacen planes por si hay mucho tráfico cuando van a alguna parte, y frecuentemente llegan tarde a sus citas y compromisos.

Las vírgenes necias fueron a las vírgenes sabias y les pidieron parte de su aceite, pero las sabias tuvieron que negarse para así no quedarse también ellas sin aceite. Qué tristes debieron estar las vírgenes necias porque no fueron sabias y diligentes. Fueron demasiado perezosas para prepararse adecuadamente y se perdieron una bendición.

Las personas perezosas a menudo acuden a personas activas y quieren que les den aquello por lo que ellas han trabajado duro, pero esa no es la manera de Dios. Todos tenemos las mismas oportunidades. Dios nos da lo que necesitamos para trabajar con ello, pero si nosotros no hacemos el trabajo, entonces perdemos la oportunidad.

La parábola termina con estas palabras fuertes de consejo: "Velad, pues, porque no sabéis el día ni la hora en que el Hijo del Hombre ha de venir" (Mateo 25:13).

Esta parábola se refiere obviamente al regreso de nuestro Señor, y establece el punto de que deberíamos mantenernos activos y estar preparados para su venida en todo momento. Pero también podemos aplicar este principio a ser diligentes contra el enemigo: si no nos mantenemos preparados, él se colará y nos robará la vida buena que Jesús adquirió para nosotros con su sangre.

Velad y orad

Cuando Jesús estaba en el huerto de Getsemaní preparándose para el sufrimiento que pronto iba a soportar, sus discípulos se quedaron dormidos. Cuando Jesús los encontró dormidos, dijo: "¿Así que no habéis podido velar conmigo una hora?" (Mateo 26:40). ¿No parece triste, ciertamente, que Él estuviera en uno de los momentos más difíciles de su vida y sus propios discípulos se quedaran dormidos?

Jesús les dijo lo que nos dice a nosotros:

> Velad y orad, para que no entréis en tentación; el espíritu
> a la verdad está dispuesto, pero la carne es débil.
>
> Mateo 26:41

Satanás estaba tentando a Jesús para que huyera del sufrimiento. Desde luego, Jesús no quería pasar por el sufrimiento que pronto soportaría. Pidió que la copa del sufrimiento fuera apartada de Él si era posible, pero rápidamente añadió: "Padre mío, si no puede pasar de mí esta copa sin que yo la beba, hágase tu voluntad" (Mateo 26:42).

Jesús sabía que durante la tentación tenía que seguir orando, y nosotros también debemos aprender eso. De hecho, yo he formado el hábito de orar regularmente para que Dios me fortalezca en áreas que sé que son debilidades para mí. Las enumero y pido fortaleza, porque no quiero ser agarrada fuera de guardia y permitir que el enemigo se acerque a mí sigilosamente y se aproveche de ellas. Esto, además de orar de inmediato cada vez que siento que estoy siendo atacada, me ayuda a ganar muchas batallas, y le aliento a que haga lo mismo.

Algunas personas creen la mentira de Satanás de que las tentaciones que enfrentan son sencillamente demasiado fuertes para que puedan vencerlas. Sin embargo, eso no es cierto según la Palabra de Dios, que nos dice que ninguna tentación, a pesar de lo que sea o de dónde venga, será tal que no podamos resistirla. Dios promete proporcionar siempre una vía de salida si confiamos en Él y nos apoyamos en Él. Ninguna tentación está por encima de nuestra capacidad para resistir, pero Dios es fiel y siempre nos dará una salida (ver 1 Corintios 10:13).

No permita que el diablo le convenza de que no puede vencer adicciones o tentaciones de ningún tipo, porque Aquel que está en usted es mayor que el que está en el mundo (ver 1 Juan 4:4). Si creemos que no podemos conquistar una tentación, entonces no

> *Si creemos que no podemos conquistar una tentación, entonces no seremos capaces de hacerlo.*

seremos capaces de hacerlo, pero si creemos que podemos, entonces estamos a mitad de camino hacia la victoria. Después de todo, necesitamos mantenernos firmes, preguntarle a Dios si hay algo que deberíamos hacer y, si es así, entonces hacerlo. Después esperamos con paciencia que Dios produzca la victoria. Mientras estamos esperando, podemos estar seguros de que Él está obrando, aunque quizá no lo veamos o lo sintamos.

En el huerto, justo antes de su crucifixión, Jesús pidió a los discípulos que se mantuvieran despiertos y oraran con Él, porque sabía que la oración era el arma que necesitaba utilizar en ese momento. La razón por la cual Satanás pelea tan duro contra la oración es que la oración es la manera de derrotarlo. Recordemos que Dios le dijo a Josafat que Él pelearía su batalla por él, pero también le dijo que ocupara su lugar, que era un lugar de oración y adoración (ver 2 Crónicas 20:15-22).

Al final del discurso de Pablo acerca de las varias partes de la armadura que Dios nos ha proporcionado, y que se nos enseña que debemos ponernos, pidió a los efesios que oraran por él para que pudiera seguir hablando con valentía sobre las buenas nuevas de salvación (ver Efesios 6:11-19). No puedo imaginar qué tipo de valentía era necesaria para predicar el evangelio en aquellos tiempos. Los predicadores eran continuamente amenazados con la muerte y la cárcel, a menudo soportaban palizas, hambre y muchos otros sufrimientos dolorosos. Pablo sabía que necesitaba la fuerza de las oraciones de los creyentes para seguir adelante. Estaba alerta y siempre preparado para orar en cualquier momento que sintiera que era necesario, y alentaba a todos aquellos a quienes enseñaba a obrar del mismo modo.

No suponga que usted es fuerte en un área solamente porque haya sido probado antes y haya pasado la prueba. Sepa siempre que su fortaleza viene del Señor, y Él suplirá todo lo que usted necesite si solamente pide y sigue pidiendo.

El regreso de Cristo

Uno de estos días, Cristo regresará a buscarnos. Nuestro tiempo en esta tierra terminará y será demasiado tarde para prepararnos si no estamos preparados cuando Él venga. No quisiéramos ser como las cinco vírgenes necias que dormían y no hicieron lo que deberían haber hecho cuando debieron haberlo hecho.

Jesús dijo que nadie conoce el día ni la hora de su regreso, ni los ángeles o incluso el Hijo de Dios, sino solamente el Padre (ver Marcos 13:32). Ese día llegará, y para algunos puede que llegue más rápidamente de lo que piensan. Todos planeamos vivir una vida larga y morir cuando seamos ancianos, pero eso no siempre sucede, y cuando nuestro tiempo se termine aquí en la tierra, no hay nada que podamos hacer para cambiarlo. Jesús nos exhorta con firmeza a estar en guardia y alertas constantemente. Quiero citar cinco versículos de Marcos 13 porque me sorprende cuán frecuentemente dijo Jesús las mismas palabras una y otra vez. Deben ser muy importantes, pues, de lo contrario, Él no habría hecho eso.

> Mirad, velad y orad; porque no sabéis cuándo será el tiempo. Es como el hombre que yéndose lejos, dejó su casa, y dio autoridad a sus siervos, y a cada uno su obra, y al portero mandó que velase. Velad, pues, porque no sabéis cuándo vendrá el señor de la casa; si al anochecer, o a la medianoche, o al canto del gallo, o a la mañana; para que cuando venga de repente, no os

halle durmiendo. Y lo que a vosotros digo, a todos lo digo: Velad.

Marcos 13:33-37

Sin duda alguna, Satanás quiere que no estemos preparados cuando Jesús regrese a buscarnos, y hace todo lo que puede para distraernos de perseguir una relación con el Señor, de la oración, del estudio de la Biblia, de servir a Dios obedientemente al ayudar a los demás, y de muchas otras cosas que fortalecen nuestro caminar con Dios. Por lo tanto, es urgente que aprendamos cuál es su carácter, entendamos cómo opera, y tomemos nuestra responsabilidad de modo que Dios pueda pelear eficazmente nuestras batallas con y por nosotros.

¿Qué deberíamos cuidar?

En primer lugar y, sobre todo, deberíamos cuidar pensamientos que no estén de acuerdo con la Palabra de Dios, porque todas las palabras que declaramos y las acciones que realizamos vienen de nuestros pensamientos. Repetiré lo que digo con frecuencia: "Donde la mente va, le sigue el hombre".

> *Todas las palabras que declaramos y las acciones que realizamos vienen de nuestros pensamientos.*

Si somos vigilantes con respecto a nuestros pensamientos, podemos derribar los que son equivocados y escoger a propósito los que son correctos. Al hacer eso podemos evitar por completo muchos días de aflicción que el diablo ha planeado para nosotros.

Esté alerta contra la tentación, porque Satanás es quien tienta a todo lo equivocado. Dios nos tienta a hacer cosas buenas, y esas son las tentaciones que *no* deberíamos resistir. Recordar que vencemos al mal con el bien es muy importante (ver Romanos 12:21). Si nos mantenemos ocupados haciendo el bien, no habrá espacio alguno para la maldad que intenta persistentemente alejarnos de Dios.

Otra cosa que debemos cuidar es el "yo", o el egoísmo, ¡o el egocentrismo! Al final, las mayores batallas de las personas son consigo mismas, y hablaremos de ello en el siguiente capítulo.

CAPÍTULO 13

"YO"

No mirando cada uno por lo suyo propio, sino cada cual también por lo de los otros.

Filipenses 2:4

El yo, en el contexto en el cual quiero utilizarlo, representa egoísmo o estar centrado en uno mismo. El diablo nos tienta y nos provoca a querer pecar, pero el yo toma la decisión final y, por lo tanto, es responsable cuando pecamos. Cuando las personas son egoístas, se oponen a la voluntad de Dios ejerciendo su propia voluntad y haciendo lo que les agrada. Lo que quieren es más importante para ellos que lo que Dios quiere. Esto es lo que causó la caída de Satanás y también la caída de Adán y Eva (ver Isaías 14:12-14; Génesis 3:1-7). Dios creó a Satanás perfectamente, con una belleza y facultades inusuales; tenía capacidades asombrosas y gran poder, pero cayó debido al orgullo, que no es otra cosa que una manifestación del yo. No estaba satisfecho con los asombrosos dones y habilidades que Dios le había otorgado; quería ser igual a Dios, o estar por encima de Él. Dijo que levantaría su trono "junto a las estrellas de Dios" y "sobre las alturas de las nubes subiré" para poder ser "semejante al Altísimo" (ver Isaías 14:13-14). La maldad existe en este yo, que se encuentra en los seres angélicos y también en las personas.

Sabemos por la Escritura que cuando Dios expulsó del cielo a

Satanás, sus ángeles, quienes también se rebelaron contra Dios, fueron expulsados juntamente con él (ver Apocalipsis 12:7-9). Ellos no fueron forzados a rebelarse, sino que lo hicieron deliberadamente. Dios quiere que lo amemos a Él y lo obedezcamos porque escogemos hacerlo, y no porque no tengamos ninguna otra opción y estemos meramente programados para hacerlo. Por lo tanto, Él nos da libre albedrío, el cual nos presenta continuamente la necesidad de escoger entre lo bueno y lo malo. Satanás nos tienta a hacer lo malo, y Dios nos insta a hacer cosas buenas.

La elección es siempre muestra. El libre albedrío, el derecho a escoger, es una maravillosa libertad y una responsabilidad tremenda. Como tenemos libertad de elección, también debemos aceptar la responsabilidad de los resultados de nuestras decisiones. Cada decisión llega con una consecuencia, y por esa razón, Dios nos insta continuamente en su Palabra a escoger su voluntad para que podamos terminar teniendo una vida que disfrutemos (ver Deuteronomio 30:19).

> El libre albedrío, el derecho a escoger, es una maravillosa libertad y una responsabilidad tremenda.

Satanás, en su plan de ataque, juega constantemente con la tendencia a ser egoístas, que está en todos nosotros. A lo largo de la Biblia podemos detectar fácilmente a las personas que tomaron decisiones egoístas y leer sobre sus resultados. También podemos detectar a quienes siguieron obedientemente a Dios debido a su amor por Él y vemos cuáles fueron sus resultados. A menudo, tengo la sensación de que la Biblia es un mensaje sencillo que se presenta una y otra vez de diversas maneras. Su mensaje es que florecerá la justicia, y la maldad se encontrará con la destrucción definitiva.

Creo que Dios quiere que usemos nuestro libre albedrío para

escoger su voluntad. Cuando lo hacemos, la vida es realmente buena. No está vacía de retos, pero vemos continuamente el favor de Dios en nuestras vidas, y al final experimentamos liberación de nuestras pruebas y dificultades. Dios no nos obligará a hacer lo correcto, pero nos insta a hacerlo por nuestro propio bien.

Los discípulos

Nos sorprende la conducta egoísta de los discípulos cuando leemos sobre sus peleas acerca de cuál de ellos era el mayor (ver Lucas 22:24). Ser elegido como uno de los doce discípulos era un privilegio tremendo, pero parece que a pesar de lo que Dios nos da, seguimos encontrando modos de pensar que deberíamos tener algo más. Verdaderamente, nuestra mayor batalla es con nuestro yo. El yo está lleno de avaricia. Puede ser derrotado, pero solamente confiando en Dios, estando dispuestos a obedecerlo a Él, y dando agresivamente de nosotros mismos a los demás y deseando verdaderamente su bien. Ser egoísta es natural, pero ser desprendido requiere esfuerzo. El Espíritu Santo nos da la fortaleza para hacer lo correcto si es eso lo que decidimos.

Quizá nos sorprende y quedamos defraudados por la conducta de los discípulos a la vez que no reconocemos el egoísmo en nosotros mismos. El egoísmo (el yo) es una debilidad innata en nuestra carne debido a la caída del hombre. Nunca desaparecerá por completo mientras estemos en esta tierra, pero no tenemos que permitir que nos gobierne. Dios nos ha dado muchas armas con las cuales pelear contra el enemigo del yo. En primer lugar, podemos pedir la fortaleza de Él en cualquier momento y esperar plenamente recibirla. En segundo lugar, Dios nos ha dado un espíritu de disciplina (ver 2 Timoteo 1:7). Y, en tercer lugar, tenemos dominio propio como un fruto del Espíritu Santo, quien habita en nosotros (ver Gálatas 5:22-23). También deberíamos entender que Satanás nos tienta a ser egoístas, y cuando lo hace, deberíamos resistirlo.

Somos sabios al permanecer conscientes de la fuerza con la que el yo pretende gobernarnos. Es avivado por el diablo, y a menos que reconozcamos el problema y lo resistamos mediante el poder de Dios, gobernará sobre nosotros. He descubierto que el mejor modo de resistirme a ser egoísta y avara es ser una dadora agresiva en todas las áreas de la vida. ¿Es fácil? ¡No! ¿Fallo a menudo? ¡Sí! Pero por fortuna, cuando caemos, Dios nos ayuda a levantarnos otra vez y seguir haciendo lo correcto. Cuando las personas están decididas a hacerlo, obtendrán victoria sobre el diablo.

Me sorprende cuán egoísta puedo seguir siendo tras cuarenta y tres años de estudio de la Palabra de Dios, ministrar a otros y desear vivir para Dios. Decir que queremos la voluntad de Dios en nuestra vida es fácil, pero tomar la decisión de calidad de seguirlo con la acción correcta es más difícil. Puedo asegurarle que incluso mientras escribo este capítulo sobre el yo, he recibido convicción de áreas de egoísmo en mí misma que antes no había visto y que quiero confrontar, y tengo intención de hacerlo con la ayuda de Dios.

Pedir a Dios que revele cualquier área de egoísmo en nosotros es un curso de acción sabio. Lo fundamental es simplemente que queremos lo que queremos y por naturaleza no estamos inclinados a sacrificar nuestros deseos por la felicidad de otra persona. Hacerlo requiere ayuda sobrenatural, la ayuda de Dios, y también requiere estar dispuestos a sufrir en la carne a fin de hacer la voluntad de Dios. Cuando nuestra carne no obtiene lo que quiere, se queja; incluso puede llegar a deprimirse y malgastar mucho tiempo revolcándose en la autocompasión. Pero por fortuna, podemos resistir todos esos malos hábitos mediante el poder de Dios.

Las personas egoístas son personas infelices

He descubierto mediante la experiencia personal que ser egoísta y ser feliz al mismo tiempo es imposible. Dios no nos ha creado para vivir solamente para nosotros mismos, y cuando intentamos vivir para el yo, perdemos el gozo que Jesús vino a darnos.

Uno de mis pasajes favoritos de la Escritura es 2 Corintios 5:15. Declara que Jesús "por todos murió, para que los que viven, ya no vivan para sí, sino para aquel que murió y resucitó por ellos". Sí, Jesús murió por nuestros pecados. Él pagó la deuda que nosotros debíamos y tomó el castigo que merecíamos. También vino a hacernos libres de la atadura. La mayor atadura que pueden soportar las personas es ser tan egoístas que todo su mundo está lleno de sí

> Lo más grande de lo que Dios me ha hecho libre es de "mí misma".

mismos, de lo que quieren y lo que necesitan. Yo digo con frecuencia que lo más grande de lo que Dios me ha hecho libre es de "mí misma".

Aprender a amar a otros e interesarnos por su felicidad es el único modo de ser felices. ¿Por qué? Dios ha establecido una ley en la tierra llamada siembra y cosecha. Las personas cosecharán lo que siembren, y solamente lo que siembren (ver Gálatas 6:7). Si las personas siembran felicidad en las vidas de otros, cosecharán felicidad para sí mismas. Si hacemos lo que beneficia y hace feliz a otra persona, beneficio y felicidad regresarán a nosotros. Sin embargo, si somos avaros y egoístas hacia otros, entonces encontraremos solamente aflicción. Las personas egoístas son solitarias porque ellas son las únicas en su diminuto mundo.

Cuando Pablo escribió: "Con Cristo estoy juntamente crucificado, y ya no vivo yo, más vive Cristo en mí" (Gálatas 2:20), creo que estaba diciendo que ya no vivía meramente para sí mismo y sus propios intereses, sino para lo que Cristo deseaba de él. Quiero mencionar que Pablo redactó este versículo veinte años después de su conversión en el camino de Damasco. Recibo un poco de consuelo al saber que a Pablo le tomó un tiempo madurar espiritualmente hasta el punto en el que pudo escribir esas palabras. Creo que el mismo principio es cierto para la mayoría de nosotros. Estamos tan inclinados a conseguir ser felices nosotros mismos y obtener lo que queremos, que nos toma tiempo entender plenamente que la única manera de obtener lo que deseamos es entregarnos a nosotros mismos a Jesús por completo y permitir que Él nos utilice para beneficio de otras personas.

No quiero dar a entender que no nos cuidemos a nosotros mismos o hagamos nada por nosotros mismos, sino simplemente que no deberíamos estar llenos del yo a la vez que no nos importan nada las necesidades y deseos de los demás. Este principio de siembra y cosecha resulta emocionante porque significa que puedo dar lo que me gustaría tener y estar segura de que a su debido tiempo obtendré una cosecha según lo que haya sembrado.

Si es usted infeliz y carece de alegría, le aliento con firmeza a que haga más cosas por otras personas, y si lo hace, creo que experimentará una cosecha de gozo en su propia vida.

Yo = Orgullo

Al diablo le encanta destruir nuestro testimonio para Cristo tentándonos a ser egoístas, egocéntricos y llenos de orgullo. Intenta hacer que tengamos un concepto de nosotros mismos más alto del que deberíamos, y que estemos orgullosos de lo que hacemos bien sin dar gracias a Dios por permitirnos hacerlo. El orgullo causa un juicio crítico hacia quienes no pueden hacer lo que nosotros podemos hacer. Eso nos hace sentirnos superiores a ellos, y por lo general se convierte en menosprecio y falta de respeto por quienes no consideramos tan buenos como somos nosotros. También puede causar que los tratemos mal. El modo en que tratamos a otras personas es muy importante para Dios, y posiblemente dice más sobre nuestro carácter que ninguna otra cosa.

Si es usted excepcionalmente inteligente, aprende con facilidad y retiene información, o si es un orador público muy dotado o un cantante asombrosamente talentoso, usted mismo no se proporcionó esas habilidades. Dios se las ha dado, y han de ser utilizadas para glorificarlo a Él y no a usted para que pueda llenarse de orgullo.

> Porque ¿quién te distingue? ¿o qué tienes que no hayas recibido? Y si lo recibiste, ¿por qué te glorías como si no lo hubieras recibido?
>
> 1 Corintios 4:7

Cualquier habilidad que tengamos proviene de Dios, así que ¿por qué presumir? Simplemente porque el yo que está en nosotros quiere sentirse bien; quiere estar por encima de los demás, ser el mejor y el mayor de todos. La única manera de lograr eso es encontrar a alguien que no sea tan bueno como nosotros somos en algo y utilizarlo como una oportunidad para sentirnos superiores. Aquellos a quienes menospreciamos en nuestros pensamientos y actitudes tienen habilidades que nosotros no tenemos, y deberíamos aplaudir lo que ellos pueden hacer en lugar de compararnos a nosotros mismos con ellos.

Si usted tiene una buena voz para cantar, ¿se encuentra a

menudo cantando un poco más alto que otros en la iglesia para poder ser oído y admirado? Si tiene conocimiento de muchas cosas, ¿se encuentra continuamente ofreciendo consejos a personas que no se lo han pedido? En *The Christian Warfare*, D. Martyn Lloyd-Jones nos habla de varios hombres que testificaron sobre los pecados de los cuales Dios les había librado, ¡y la discusión degeneró en una competición sobre quién era el peor pecador! Creo que eso podría ser la muestra más ridícula de orgullo que he escuchado. En realidad, estaban presumiendo de su pecado.

He observado, cuando intento tener compañerismo con grupos de ministros, que la conversación a menudo se convierte en una sesión de presumir sobre quién está haciendo más en el ministerio, cuán grandes son sus ministerios, cuántos seguidores tienen en sus cuentas de redes sociales, y cosas parecidas. Demasiadas veces me he agarrado a mí misma participando en la competición y he tenido que pedirle a Dios que me perdone por el pecado de orgullo.

El orgullo evita que seamos agradecidos, porque pensamos que nos merecemos lo que tenemos y más. El orgullo hace que las personas hablen en exceso, a menudo sobre sí mismas. Santiago escribe que deberíamos ser lentos para hablar y rápidos para escuchar (ver Santiago 1:19).

El orgullo también hace que juzguemos a otros duramente por su pecado a la vez que pensamos: *Yo nunca haría eso.* Pero la Biblia dice que debemos tener cuidado cuando pensamos que estamos firmes, inmunes a la tentación, demasiado confiados y farisaicos, porque podríamos caer (ver 1 Corintios 10:12). ¿Cuán a menudo terminamos haciendo lo mismo por lo cual hemos juzgado a otra persona? ¡Creo que demasiadas veces! Necesitamos recordar siempre que el pecado de orgullo es lo que causó la caída de Satanás, y no quisiéramos seguir su ejemplo.

El Señor viene pronto

Vuestra gentileza sea conocida de todos los hombres.
El Señor está cerca.

Filipenses 4:5

El Señor regresará antes de lo que la mayoría de nosotros podemos pensar, y se requerirá que cada uno de nosotros rinda cuentas de su tiempo en la tierra (ver Romanos 14:12). Cuando llegue ese momento será demasiado tarde para regresar y hacer las cosas que deberíamos haber hecho. Aunque no nos ganamos la salvación por nuestras obras, sino solamente por la fe en lo que Jesús hizo por nosotros mediante su muerte y resurrección, nuestras obras son importantes, porque demuestra nuestra fe y representan nuestra relación con Dios.

Vivimos en una época de gran confusión. El diablo trabaja activamente por medio de personas malvadas para intentar eliminar a Dios de todo en nuestra sociedad. Como creyentes en Cristo, debemos adoptar una postura firme defendiendo lo correcto y dejando que las personas vean a Jesús por medio de nosotros. La única manera en que podemos hacer eso es olvidarnos de nosotros mismos y permitir que Dios nos use para su gloria. No tenemos que preocuparnos por si al hacerlo viviremos vidas desgraciadas y nunca tendremos nada de lo que deseamos, porque sucederá precisamente lo contrario. Si renunciamos a enfocarnos en nosotros mismos e intentar agradarnos todo el tiempo, y en cambio pedimos a Dios que nos use para ayudar a otras personas, sus bendiciones nos abrumarán.

Toda desobediencia está vinculada directamente con el egoísmo. Adán y Eva vieron algo que querían en el huerto, y aunque Dios

> *Toda desobediencia está vinculada directamente con el egoísmo.*

lo había prohibido, decidieron agradarse a sí mismos en lugar de agradar a Dios (ver Génesis 2:16-17; 3:6). El diablo tentó a Eva a desobedecer a Dios, pero no le dijo cuáles serían las consecuencias de su desobediencia (ver Génesis 3:1-5). Nunca lo hace y, tristemente, descubrimos demasiado tarde que al intentar conseguir todo por nosotros mismos hemos perdido lo que era más importante.

¿Cuántos esposos han pasado demasiado tiempo trabajando para hacer más dinero o para escalar la escalera del éxito y aumentar su ego y han terminado perdiendo a sus familias? ¡Hay demasiados! Cuando usted esté en su lecho de muerte no querrá ver su balance bancario. Querrá estar con su familia y con aquellos que le aman.

La Biblia relata muchas historias de personas cuyo egoísmo los metió en problemas:

- Caín mató a Abel debido al egoísmo (ver Génesis 4:8-9; 1 Juan 3:12).
- Los hermanos de José lo vendieron como esclavo y mintieron a su padre debido a su egoísmo y sus celos (ver Génesis 37:18-33; Hechos 7:9-10).
- El rey David cometió adulterio y asesinato a causa del egoísmo (ver 2 Samuel 11:2-17).

No podemos encontrar un pecado que no se cometa o no se haya cometido debido al yo. Tenemos que lidiar con ello, pero no tenemos que permitir que gane la batalla. Si estamos dispuestos a morir al yo, tal como nos enseña la Palabra de Dios, podemos ser liberados de su tiranía.

De cierto, de cierto os digo, que si el grano de trigo no cae en la tierra y muere, queda solo; pero si muere, lleva mucho fruto.

Juan 12:24

Jesús hizo a un lado su yo y murió por nosotros. A causa de eso, una gran cosecha de almas ha sido salva y pasará la eternidad en el cielo. El mismo principio funciona en nuestras vidas. Si estamos dispuestos a morir al yo, Dios puede usarnos para trabajar en su reino y conducir a otros a un conocimiento salvador de Cristo mediante nuestras palabras y conducta.

El apóstol Pablo, inspirado por el Espíritu Santo, escribe que deberíamos considerarnos muertos al pecado, pero vivos para Dios. Nos insta a no permitir que el pecado reine en nuestros cuerpos mortales y obedezcamos sus deseos y pasiones. Nos dice que no sigamos presentando nuestro cuerpo al pecado como instrumento de maldad, sino que, mediante un acto decisivo, lo ofrezcamos a Dios como instrumento de justicia. Cuando hayamos hecho eso, y sigamos haciéndolo, el pecado ya no será nuestro señor (ver Romanos 6:11-14).

Pensamientos y emociones

Nuestros pensamientos y emociones están llenos del yo, y si queremos vivir para Dios no podemos permitir que ninguno de ellos gobierne sobre nosotros. Siempre tendremos que contender con ellos, pero podemos aprender a vivir por encima de ellos. Quizá yo quiera sentirme enojada con alguien que me haya tratado injustamente, pero puedo decidir perdonar a esa persona tal como Dios me enseña que haga.

Tal vez crea que simplemente debo tener algo y tendré que

transigir en mi integridad a fin de conseguirlo, pero puedo derribar ese pensamiento equivocado y decidir hacer lo correcto a pesar de lo que me digan mis pensamientos carnales. Tenemos una mente de la carne y una mente del espíritu. Decidir obedecer la mente de la carne termina en desgracia de todo tipo, pero decidir seguir la mente del espíritu termina en vida, paz y bienestar espiritual, ¡tanto ahora como para siempre! (ver Romanos 8:5-6).

Aunque Satanás trabaja duro para usar la debilidad del yo contra nosotros, no puede ganar si estamos decididos a seguir a Dios en lugar de seguir al yo. La Biblia nos enseña frecuentemente que nos enfrentemos sinceramente a nosotros mismos y busquemos la verdad en todo momento. Seremos sabios en examinarnos a nosotros mismos con frecuencia para comprobar si estamos viviendo bajo el control del yo o bajo el control del Espíritu Santo. No nos examinamos a fin de condenarnos a nosotros mismos por nuestras faltas, sino a fin de reconocerlas, arrepentirnos de ellas y recibir la ayuda de Dios para vencerlas.

CAPÍTULO 14

Esté quieto y vea la salvación del Señor

Aquello de lo que huimos es lo que más nos daña.

Autor anónimo

En Éxodo 14:13, Moisés dio a los israelitas una instrucción que sería transformadora para ellos si la seguían: "estad firmes, y ved la salvación del Señor". Ellos habían sido esclavos en Egipto por cuatrocientos años, y finalmente tenían a su alcance la libertad. El faraón había permitido a regañadientes que el pueblo saliera al desierto, y Dios le había dicho a Moisés que los guiara a la Tierra Prometida, a una tierra llena de muchas cosas buenas. La buena vida que ellos habían anhelado les esperaba, pero había un problema. El faraón los dejó ir, pero envió a su ejército tras ellos y el Mar Rojo bloqueaba su camino adelante. Estaban en una situación de la que no podían salir sin intervención divina. El Mar Rojo estaba delante de ellos, y el ejército egipcio estaba a sus espaldas. Ellos estaban preparados para regresar a Egipto, porque pensaban que solo tenían la opción de morir en el desierto. No se les ocurrió confiar en que Dios intervendría por ellos. A menudo, cuando vemos una situación que parece imposible, estamos listos para hacer lo que ellos iban a hacer: ¡correr!

Y Moisés dijo al pueblo: No temáis; estad firmes, y ved la salvación que Jehová hará hoy con vosotros; porque los egipcios que hoy habéis visto, nunca más para siempre los veréis. Jehová peleará por vosotros, y vosotros estaréis tranquilos. Entonces Jehová dijo a Moisés: ¿Por qué clamas a mí? Di a los hijos de Israel que marchen.

Éxodo 14:13-15

Estos versículos nos recuerdan que nuestras batallas son del Señor y nos muestran cómo dejar que Él las pelee por nosotros. En primer lugar, no podemos huir corriendo de los problemas; tenemos que mantenernos firmes y enfrentarlos. Y, en segundo lugar, también tenemos que avanzar en fe, confiando en que Dios nos ayude a vencerlos. "No huyan corriendo, avancen" es una imagen perfecta de valentía.

Avanzar cuando tenemos temor es valentía. Valentía no es ausencia de temor, de problemas o de obstáculos aparentemente imposibles, sino avanzar cuando sentimos temor, creyendo que Dios estará con nosotros a medida que avanzamos hacia nuestra meta.

El problema de salir corriendo no es nuevo. La Biblia está llena de historias de personas que salieron corriendo, pero curiosamente he descubierto que Dios siempre volvió a llevarlos a los lugares de los que huyeron. Mire, no conquistamos nada al huir. El mensaje de Éxodo 14:13-15 es profundo y en realidad nos da la respuesta a muchos de los problemas de la vida:

> No salga corriendo sino quédese quieto, esté tranquilo, y entonces avance cuando Dios le guíe, y Él peleará por usted.

no salga corriendo sino quédese quieto, esté tranquilo, y entonces avance cuando Dios le guíe, y Él peleará por usted.

Cuando los israelitas siguieron el consejo que Dios les dio por medio de Moisés, Él hizo lo imposible. Dividió el Mar Rojo y el pueblo lo atravesó por tierra seca; pero cuando los siguió el ejército israelita, el mar se cerró sobre ellos y todos se ahogaron. ¡Nada es imposible para Dios! La desobediencia nunca nos conduce al poder milagroso de Dios, pero sí lo hace la obediencia.

Moisés huyó de Egipto cuando alguien lo vio matar a un egipcio en un esfuerzo por ayudar a su pueblo, pero tras cuarenta años en el desierto, Dios lo envió de regreso a Egipto. Tuvo que regresar al lugar del que huyó para cumplir el propósito de Dios para él (ver Hechos 7:23-36).

Agar huyó de su señora, Sara, y Dios le dijo que regresara con ella y se sometiera a su control (ver Génesis 16:8-9). A primera vista, eso podría parecer muy injusto; después de todo, Sara trató mal a Agar, pero no debemos olvidar que Agar tenía una mala actitud hacia Sara. Frecuentemente consideramos equivocado lo que otros nos hacen, pero no vemos que nosotros quizá también estamos haciendo las cosas mal. Queremos huir de nuestra incomodidad y dolor, pero Dios nos mantiene ahí hasta que veamos cuál es nuestra parte en el problema y le permitamos que Él nos ayude a corregir nuestra conducta. La mayoría de las cosas de las que huimos son precisamente las herramientas que Dios ha escogido usar para ayudarnos a madurar.

Elías huyó de Jezabel y se ocultó en el desierto, pero cuando finalmente tuvo un encuentro con Dios, le dijeron que regresara al trabajo. No podía ser el profeta de Dios si era un cobarde (ver 1 Reyes 19:1-16).

Jonás huyó del llamado de Dios y se encontró en un lío

tremendo. Clamó a Dios y fue liberado, pero tuvo que regresar y terminar la tarea que se había negado a hacer (ver Jonás 1–3).

El rey David huyó de su pecado (ignorado) de adulterio con Betsabé y el asesinato de su esposo al menos durante un año; pero Dios envió al profeta Natán a confrontarlo y ayudarle a enfrentar la verdad y arrepentirse (ver 2 Samuel 12:1-9; Salmo 51).

Las personas huyen de las dificultades debido a todo tipo de razones y de diversas maneras. Quizá huimos de la responsabilidad, de rendir cuentas, del trabajo duro, de personas difíciles, de lugares desafiantes, de nuestro pecado, de nosotros mismos, de la verdad, del pasado, y de muchas otras cosas. Podemos apartarnos físicamente de una situación. Podemos mantenernos demasiado ocupados para lidiar con el problema, o quizá intentamos escapar de él mediante el abuso de sustancias y las adicciones. Pero hay dos maneras de huir de las que quiero hablar con mayor detalle: poner excusas y culpar a otros.

Las excusas nos mantienen atrapados

Una vez oí que una excusa no es otra cosa sino una razón rellena de una mentira. Eso puede sonar duro, pero si somos sinceros admitiremos que es exactamente eso. Incluso si nos han sucedido cosas injustas que hicieron que obráramos mal, no debemos permitir que se conviertan en una excusa para no cambiar. Jesús vino para hacernos libres de toda atadura, pero no lo hará mientras huyamos e intentemos ocultarnos de la verdad. Cada excusa que ofrecemos por la mala conducta nos mantiene atrapados en ella.

> *Cada excusa que ofrecemos por la mala conducta nos mantiene atrapados en ella.*

Hay muchos ejemplos bíblicos de personas que pusieron

excusas por no obedecer a Dios. Jesús nos cuenta una parábola sobre un hombre que hizo una gran fiesta e invitó a mucha gente. Esto representa la invitación que Dios hace a todos: una invitación a creer en Jesús, a nacer de nuevo y recibir perdón de pecados. Veamos las excusas que pusieron las personas.

> Y todos a una comenzaron a excusarse. El primero dijo: He comprado una hacienda, y necesito ir a verla; te ruego que me excuses. Otro dijo: He comprado cinco yuntas de bueyes, y voy a probarlos; te ruego que me excuses. Y otro dijo: Acabo de casarme, y por tanto no puedo ir.
>
> Lucas 14:18-20

Es un ejemplo estupendo del tipo de excusas que ofrecen muchas personas para no poner a Dios en primer lugar en sus vidas. Están ocupados cuidando de las cosas que Él ha provisto. No tendríamos nada sin la bondad de Dios, y entonces le pagamos a menudo permitiendo que las cosas que Él nos da nos alejen de Él.

Esta parábola nos ofrece muchas y distintas lecciones valiosas, pero veremos solamente el hecho de que las excusas parecen evitar que muchas personas sean obedientes a Dios o que hagan lo que deberían hacer.

El apóstol Pablo tuvo que amonestar a los creyentes gálatas a no permitir que su recién hallada libertad en Cristo se convirtiera en una excusa para el egoísmo (ver Gálatas 5:13). Hoy día vemos eso muchas veces en nuestra sociedad. Las personas demandan sus libertades, pero a menudo son insensibles y egoístas con respecto a cómo afectan sus supuestas libertades a quienes les rodean. Pablo dijo que, aunque podamos ser libres para hacer algo, si ofende a otros deberíamos refrenarnos de hacerlo por amor (ver 1 Corintios 10:31-33). Pablo se estaba dirigiendo a creyentes gentiles y judíos. Los gentiles no tenían ningún problema con no ser circuncidados o comer carne ofrecida a los ídolos, y muchos creyentes judíos tampoco. Pero algunos de ellos sí tenían problema; por lo tanto, Pablo instó a quienes no tenían problema a no ser egoístas al practicar sus libertades.

En la mayoría de las culturas actualmente es aceptable que las mujeres vistan pantalones incluso mientras ministran, pero sigue habiendo algunos que se sentirían ofendidos por ese tipo de vestimenta. Cuando yo viajo en esas culturas, me pongo vestidos o faldas por amor a ellos.

Si tomáramos una semana y nos escucháramos verdaderamente, quizá quedaríamos horrorizados por el número de excusas que ponemos para no hacer lo correcto. No devolvemos la llamada a alguien como dijimos que haríamos, de modo que ponemos una excusa en lugar de decir simplemente: "Lo siento. Sin duda debería haberte llamado como dije que haría". Llegamos tarde a una cita y ponemos una excusa como: "Había muchísimo tráfico", cuando lo cierto es que simplemente no salimos con la antelación suficiente para llegar a tiempo.

Miles y miles de parejas se divorcian, citando como excusa la incompatibilidad; pero lo cierto es que no quisieron hacer el esfuerzo de aprender a llevarse bien, o no estuvieron dispuestos a hacer concesiones y sacrificarse a fin de crear espacio para las diferencias en su personalidad y la de su cónyuge. Cualquier pareja puede encontrar fácilmente muchas razones para no llevarse bien, pero las personas maduras harán todo lo posible para que un matrimonio funcione antes de abandonar.

Algunas personas van de empleo en empleo y nunca permanecen en nada el tiempo suficiente para aprender un oficio o ser ascendidos. Para defender esa inestabilidad citan generalmente un problema en la empresa, la gerencia, las condiciones de trabajo, o a los otros empleados; nunca citan pereza o irresponsabilidad por su parte. Comienzan en un nuevo empleo, y poco después encuentran algo que no les gusta y se van. Siguen haciendo lo mismo repetidamente, y al final se vuelve difícil y quizá imposible que encuentren otro empleo porque las personas con inteligencia razonable pueden ver el problema y saben que si contrataran a esa persona, estarían contratando un problema.

Estas personas nunca aprenden que el diablo está poniendo en su cabeza ideas sobre cosas con las que deberían estar descontentos. Son engañadas, de modo que nunca enfrentan el verdadero problema y el diablo se sale con la suya y arruina sus vidas.

Escuché sobre una mujer que iba a casarse por séptima vez, y acudió a su pastor con una petición de oración para que el hombre con el que estaba a punto de casarse la tratara bien para que pudieran seguir casados. Nunca había entendido que ella era el único denominador común en las siete relaciones, y que había una fuerte posibilidad de que *ella* fuera el problema.

La única manera de evitar que el diablo nos engañe es estar siempre dispuestos a aceptar la responsabilidad de nuestros actos sin importar lo que hagan los demás. Si está usted buscando el empleo o el cónyuge perfecto, ya está engañado, porque lo único perfecto que existe es Jesús, y Él quiere ayudarnos a enfrentar y tratar los aspectos imperfectos de nuestras vidas de una manera amorosa y pacífica.

Hay ocasiones en las que deberíamos dejar un empleo o incluso un matrimonio, pero cuando sucede lo mismo demasiadas veces, probablemente nosotros somos el problema. Seguir huyendo de ese hecho poniendo excusas solamente hace que sigamos afligidos y en esclavitud.

¿A quién estamos culpando?

Otra manera de evitar abordar nuestros problemas es culpar de ellos a otra persona. Recientemente escuché a una persona mencionar algo que había salido mal en su hogar, y dijo que era culpa de su esposa. Yo dije: "Me pregunto a quién culpan de sus errores las personas que viven solas". Ambos nos reímos porque entendimos que generalmente culpamos a otra persona de aquello por lo que nosotros deberíamos ser responsables.

Por ejemplo, si yo estoy molesta, pienso o digo que es porque Dave o alguna otra persona hizo algo para irritarme. Al culpar a otro, evito hacerme responsable de mi falta de dominio propio. Si llego tarde, normalmente puedo encontrar a alguien o algo a quien culpar de ello en lugar de hacerme responsable de mi propia mala planificación. Si Dave tiene que virar para evitar golpearse contra otro auto en la autopista, es siempre culpa del otro conductor por situarse delante de él. Nunca es culpa de Dave (☺).

Si hiciéramos el esfuerzo de prestar atención verdaderamente a cuántas excusas ofrecemos y cuántas veces culpamos a otras personas de nuestras malas decisiones, quedaríamos asombrados.

Culpar a otros comenzó en el huerto del Edén, cuando Adán culpó a Eva de haberle dado el fruto que Dios les había prohibido, y el juego de culpar nunca se ha detenido desde entonces (ver Génesis 3:12). Estoy segura de que Adán estaba bastante contento con ser quien se suponía que debía ser el cabeza de su hogar, pero no estaba haciendo su tarea, pues de lo contrario le habría dicho no a Eva cuando ella le dio del fruto y le animó a comerlo, como ella había hecho. Eva siempre se lleva la culpa del pecado original, pero creo que Adán fue tan responsable como ella. Ambos recibieron el castigo del Señor, de modo que obviamente ambos eran responsables. Adán no solo culpó a Eva, sino que también culpó a Dios por habérsela entregado. Después de su pecado se ocultaron de Dios, y cuando Dios los confrontó preguntándoles la razón, Adán dijo: "La mujer que me diste por compañera me dio del árbol, y yo comí" (Génesis 3:12).

Hay ocasiones en que nosotros, al igual que Adán, culpamos a Dios de nuestros problemas o de las injusticias que nos han hecho. Muchas personas están enojadas con Dios debido al dolor que han experimentado, pero Él no es la fuente de nuestros problemas. El diablo lo es. Si vamos a estar enojados con alguien, deberíamos estar enojados con el diablo. El único modo de devolvérsela por lo que él nos ha hecho es hacer tanto bien como posiblemente podamos; la única manera de vencer el mal es con el bien (ver Romanos 12:21).

Durante sus años en el desierto, los israelitas culparon a Moisés y a Dios de sus problemas, pero lo cierto es que sus problemas fueron debidos a su propia mala actitud (ver Números 21:4-5).

Es momento de dejar de huir. Quédese quieto, calle y vea la salvación del Señor. Él peleará sus batallas por usted, pero solamente si usted las confronta teniéndolo a Él a su lado.

El viaje

Obtener libertad de la esclavitud es un viaje; es un viaje de regreso a las cosas de las que huimos y de aprender que todo lo podemos en Cristo que nos fortalece (ver Filipenses 4:13). Cuando enfrentamos nuestros problemas, aprendemos que ya no tienen poder sobre nosotros. En nuestro caminar con Dios, continuamente estamos aprendiendo y cambiando.

Mi niñez estuvo llena de violencia, incesto y miedo a mi padre, y mi madre no enfrentó ninguna de esas cosas. Yo vi de primera mano el trágico resultado de huir y ocultarnos de los problemas que necesitan ser confrontados, y sin embargo me fui de casa e hice lo mismo durante varios años. Pensaba que como me había ido de casa había dejado atrás el problema, pero no entendía que estaba enraizado en mi alma y que necesitaba sanidad interior.

Mi alma (pensamientos, emociones y voluntad) era muy disfuncional, pero yo ponía excusas y culpaba a todo el mundo y a todo de mi conducta disfuncional e impía. Hacía todo lo posible por evitar enfrentar el pasado porque era muy doloroso. No entendía que la única manera de avanzar era enfrentarlo.

Yo utilizaba mi pasado como excusa para mi mala conducta y mi incapacidad de mantener relaciones saludables. Pero mientras ponía excusas, no estaba enfrentando el pasado y tratándolo de manera piadosa. Utilizaba las cosas dolorosas e injustas que me habían sucedido como razones para no hacerme responsable de mis actitudes y actos inadecuados. Cuando llegue usted al final de este capítulo, podría ser un buen momento para dejar la lectura durante un rato y preguntarse si usted está haciendo lo mismo en cualquier área de su vida. Recuerde: aunque la verdad duele, es lo único que nos hace libres (ver Juan 8:32).

La liberación llega cuando aprendemos a detenernos (dejar de huir) y confrontar los problemas que preferimos evitar. ¿Hay algo de lo que usted esté huyendo? Si es así, abra su corazón a Dios en esa área y pídale que haga lo que sea necesario a fin de hacerle libre de ello. Cuando Él lo haga, dé pasos de obediencia y asegúrese de que cada uno de ellos le llevará un poco más cerca de disfrutar la vida que Jesús desea para usted. Entonces verá la salvación del Señor, y verá a Dios pelear sus batallas.

Cuando estamos quietos y enfrentamos dificultades, por fortuna no tenemos que hacerlo solos. Somos hijos de Dios y Él nos guiará, nos restaurará, nos sanará, y estará con nosotros en cada paso del camino. Si necesita sanidad en su alma, le recomiendo mi libro *Sanidad para el alma de una mujer*, el cual le lleva a hacer una jornada desde el quebranto hasta la sanidad. Creo que le ayudará a avanzar.

Cuando digo que necesitamos enfrentar el pasado, me refiero a que necesitamos aceptar plenamente lo que hemos hecho mal o lo que otros nos han hecho a nosotros. Necesitamos entender que, aunque no podemos regresar y deshacer lo que ha sucedido, podemos ser libres e incluso ser más fuertes debido a ello. Dios puede tomar las peores cosas en nuestras vidas y convertirlas en nuestras mayores bendiciones. Recuerde que nada es imposible para Él (ver Lucas 1:37).

> *Dios puede tomar las peores cosas en nuestras vidas y convertirlas en nuestras mayores bendiciones.*

CAPÍTULO 15

Guerra espiritual a la manera de Dios, Parte 1

No con ejército, ni con fuerza, sino con mi Espíritu, ha dicho Jehová de los ejércitos.

Zacarías 4:6

Entender o ayudar a otros a entender cómo pelear contra un enemigo invisible con armas invisibles, a la vez que llevamos puesta una armadura invisible, es muy desafiante. El enemigo, las armas y la armadura son todos ellos innegablemente reales en el ámbito espiritual, pero ese ámbito no puede verse con los ojos naturales a menos que, desde luego, Dios abra milagrosamente los ojos de la persona y le permita tener una vislumbre de todo eso.

Aunque no podemos ver al diablo, fácilmente podemos aprender a discernir y reconocer el fruto de su actividad. Peleas, odio, enojo, guerra, hambre, enfermedades, desastres, tragedia, inseguridad, adicciones, y miles de otras cosas son las obras del diablo. Jesús dijo que el ladrón, refiriéndose al diablo, "no viene sino para hurtar y matar y destruir" (Juan 10:10). En el mismo versículo, Jesús también dijo que Él vino para darnos vida, y vida abundante. La palabra griega traducida como *vida* en este versículo significa "vida como Dios la tiene"; es decir, el tipo y la calidad de vida que Dios ofrece. Jesús no vino a la tierra para que pudiéramos ir por ahí sintiéndonos desgraciados, sino para que pudiéramos vencer todas las obras del enemigo y disfrutar de la vida como Dios quiso que la disfrutáramos.

Jesús no vino simplemente a darnos la promesa del cielo cuando muramos, sino para darnos una vida que vale la pena vivir mientras estamos de camino al cielo. La vida eterna no comienza cuando morimos; comienza en el momento que nacemos de nuevo. Jesús vino para darnos victoria y hacernos más que vencedores (ver Romanos 8:37). Él también vino a destruir las obras del maligno (ver 1 Juan 3:8), lo cual no significa hacerlas desaparecer, sino darnos la fuerza para vencerlas mediante muestra fe en Él.

Librar exitosamente la guerra espiritual requiere planificación y estrategias pensadas. En este capítulo y en el siguiente, explicaré esas estrategias y le ofreceré un plan que le ayudará cada vez que esté en una batalla con el enemigo.

> *Librar exitosamente la guerra espiritual requiere planificación y estrategias pensadas.*

Estrategia 1: Adoración

En primer lugar, permítame decir que las estrategias que utilizamos para pelear la guerra espiritual no son siempre de la manera en que pelea el mundo. En realidad, son lo contrario de cualquier cosa que pensaríamos que podría ser pelear. Si recuerda la estrategia que Dios le dio a Josafat para pelear su batalla, recordará que nada de lo que él hizo debería haber derrotado al enemigo, pero como actuó en obediencia a Dios e hizo lo que parecería una necedad para el mundo, Dios peleó por él y derrotó a su enemigo. Mediante su obediencia permitió que Dios peleara su batalla.

Josafat adoró a Dios y envió cantores a cantar, y Dios derrotó a su enemigo. Por lo tanto, vemos que la adoración gana la guerra, y *adoración* se define como "reverencia a una deidad". Según los ejemplos bíblicos, la adoración también puede implicar doblar físicamente nuestras rodillas e incluso postrarnos con nuestro rostro a tierra. Josafat se postró con su rostro a tierra y adoró (ver 2 Crónicas 20:18). Actualmente pensamos que estamos adorando si cantamos un canto en la iglesia, pero el verdadero significado de la palabra *adoración* ciertamente implica mucho más que eso.

¿Cómo podría una persona pelear una guerra a la vez que está de rodillas? Eso parecería darle al enemigo una ventaja y la libertad de atacar. Pero cuando nos postramos en reverencia y adoración verdadera, nos situamos a nosotros mismos en una posición en la cual somos muy vulnerables a menos que Dios intervenga y pelee por nosotros. Esa fue una posición de confianza total por parte de Josafat. Debió haber entendido que un enemigo poderoso estaba cerca de atacar y posiblemente aniquilarlo a él y a su pueblo, y su única defensa fue postrarse en adoración y enviar cantores a cantar. No estoy indicando que *debemos* postrarnos de rodillas para adorar a Dios, pero es un ejemplo de adoración en la Escritura.

Dios ha dado a la iglesia muchos cantos que nos mueven en el espíritu, y al igual que los cantores fueron parte del plan de batalla de Dios para Josafat y su pueblo, cuando cantamos del Señor y al Señor peleamos un tipo concreto de guerra espiritual que se entiende solamente en el ámbito espiritual. Muchos de nosotros podemos testificar que Dios ha utilizado un canto concreto para fortalecernos y ministrarnos en momentos difíciles.

Otro ejemplo del poder de la adoración en la guerra espiritual es cuando Pablo y Silas cantaban y oraban a medianoche mientras estaban en la cárcel, y de repente las puertas de la cárcel se abrieron sobrenaturalmente (ver Hechos 16:25-26).

Satanás aborrece la música llena del Espíritu. Algunos traductores de la Biblia creen que Satanás era antes un líder de adoración en el cielo, basándose en Ezequiel 28:13. Pero lo fuera o no, es evidente que aborrece la música piadosa y que la música puede ser muy eficaz en la guerra espiritual. La habilidad para cantar es un regalo de Dios, e incluso si lo único que podemos hacer es un grito de júbilo, es suficiente para ayudarnos en nuestras batallas.

Estrategia 2: Reposo

Cuando comencé a aprender quién era mi verdadero enemigo, a entender que yo tenía autoridad y poder sobre él y saber que podía y debía hacer guerra contra él, me resultó agotador. Parecía estar peleando contra algo o resistiendo algo casi todo el tiempo. Pero la parte realmente frustrante era que a pesar de lo que yo hiciera, nada ayudaba.

Uno de mis problemas era que intentaba hacer desaparecer mis dificultades, pero la meta de Dios era hacerme lo bastante fuerte para que esos problemas no me molestaran. Un día sentí que el Señor ponía esta pregunta en mi corazón: "Joyce, ¿cómo hizo Jesús guerra espiritual?". Cuando pensé en ello y comparé lo que yo estaba haciendo con el modo en que Jesús trató con el diablo, reconocí rápidamente que lo que Él hizo era muy distinto a lo que yo estaba haciendo.

> ¿Cómo hizo Jesús guerra espiritual?

El diablo probablemente nunca ha atacado a nadie tantas veces y tan intensamente como lo hizo con Jesús, y sin embargo nunca vemos que Jesús perdió el control o incluso parecía preocupado, temeroso o molesto por nada que el enemigo hacía. ¿Por qué? Parte de la respuesta es que Él sabía quién era y de dónde venía; también sabía para lo que había sido enviado y a dónde iba cuando terminara su tarea. Nosotros podemos y deberíamos saber esas mismas cosas. Usted y yo somos hijos de Dios; vinimos de Él y somos creados a su imagen; Él tiene un plan para nuestras vidas, y cuando nuestro tiempo aquí en la tierra termine, habitaremos en su presencia para siempre (ver Romanos 8:16; Hechos 2:28). Este conocimiento debería darnos una nueva perspectiva sobre luchar contra el diablo, simplemente porque a pesar de lo que él haga, ya hemos ganado la batalla. Nuestro destino está determinado. Nuestro hogar nos está esperando en el cielo, donde viviremos con Dios por la eternidad.

Cuando Jesús fue resucitado de la muerte, el destino de Satanás quedó determinado, y nosotros estamos meramente viviendo nuestra parte del plan global de Dios hasta que el enemigo final, la muerte, sea derrotado.

Cuando comencé a ver atentamente la respuesta de Jesús a los ataques de Satanás, entendí que una cosa que Él hacía era entrar en el reposo de Dios. El reposo que Dios ofrece se denomina un "reposo o sábado" (ver Hebreos 4:9-10), e implica mucho más que separar un día de la semana para no trabajar. El sábado, o día de reposo, que los judíos del Antiguo Testamento observaban era un tipo y una sombra del verdadero reposo que Dios nos ofrece ahora.

El diccionario *Vine* de palabras griegas del Nuevo Testamento dice que el tipo de reposo que Dios ofrece "no es un reposo *del* trabajo sino *en* el trabajo" (cursivas de la autora) (gospelhall.org/ bible). No es inactividad, sino reposo mientras estamos activos. Es el trabajo conjunto y armonioso de todas nuestras facultades, porque cada una de ellas ha encontrado su esfera de satisfacción en Cristo. Cuando estamos disfrutando del reposo de Dios no estamos preocupados, afligidos espiritualmente o intentando obstinadamente ocuparnos nosotros mismos de los problemas sin apoyarnos en Dios. No intentamos descubrir incansablemente qué deberíamos hacer, sino que en cambio le decimos a Dios que no sabemos qué hacer, pero nuestra confianza está en Él.

Esto nos ayuda a entender la afirmación de Pablo en Efesios 6:13 con respecto a la guerra espiritual, a hacer todo lo que la crisis demande y a mantenernos firmemente en nuestro lugar. Podemos hacer lo que Dios nos pide que hagamos, pero desde una posición de reposo en lugar de preocupación, razonamiento, temor, frustración y lucha.

Hebreos 4:10 nos enseña a reposar de las obras humanas y entrar en el reposo de Dios. Cuando Jesús ascendió al cielo tras su resurrección, se le dijo que se sentara a la diestra de Dios (que significa reposo) hasta que sus enemigos fueran puestos por estrado de sus pies (ver Hechos 2:32-35). Esta afirmación deja claro que Dios Padre tiene más planes para la derrota total de Satanás. Jesús había hecho su parte; ahora debía simplemente entrar en el reposo sobrenatural de Dios y esperar hasta que Dios terminara lo que solamente Él podía hacer.

Esta es una imagen perfecta de lo que nosotros debemos hacer, que es hacer lo que Dios nos dice que hagamos, o lo que podamos hacer en la crisis que tenemos delante, y después entrar en el reposo de Dios y esperar a que haga lo que solamente Él puede hacer.

Siempre se describe a Jesús como sentado en lugares celestiales, no de pie sino sentado (ver Efesios 1:20; Hebreos 8:1). Esto implica descanso, y no estuvo disponible hasta que Jesús murió por nuestros pecados, descendió al infierno, arrebató a Satanás las llaves del infierno y la muerte, y resucitó victoriosamente.

Satanás ya está derrotado, y al entrar en el reposo de Dios cuando enfrentamos crisis en nuestras vidas, mostramos que confiamos y creemos en que Dios cuidará de nosotros. El enemigo puede salir contra nosotros, pero no puede derrotarnos si caminamos en la verdad de que nuestras batallas son del Señor y aprendemos a permitir que Él las pelee por nosotros.

Estrategia 3: Permanecer tranquilos en la adversidad

Dios quiere que nos mantengamos tranquilos en la adversidad, y según Salmos 94:12-13, Él nos disciplina mediante la prueba hasta que aprendamos a hacerlo. En otras palabras, atravesamos dificultades hasta que aprendemos a no permitir que nos asusten o nos aflijan. Nuestras dificultades no provienen de Dios, sino que Él las usa para ayudarnos a crecer espiritualmente.

Veamos cuál era la actitud de Pablo durante momentos de grandes pruebas:

> Estamos atribulados en todo, mas no angustiados; en apuros, mas no desesperados; perseguidos, mas no desamparados; derribados, pero no destruidos; llevando en el cuerpo siempre por todas partes la muerte de Jesús, para que también la vida de Jesús se manifieste en nuestros cuerpos.
>
> 2 Corintios 4:8-10

> Por tanto, no desmayamos; antes aunque este nuestro hombre exterior se va desgastando, el interior no obstante se renueva de día en día. Porque esta leve tribulación momentánea produce en nosotros un cada vez más excelente y eterno peso de gloria; no mirando

nosotros las cosas que se ven, sino las que no se ven;
pues las cosas que se ven son temporales, pero las que
no se ven son eternas.

2 Corintios 4:16-18

Pablo no afirmó que sus pruebas fueran fáciles, pero sí dijo que
no le hacían preocuparse, temer, estar ansioso o desesperar. Él
soportaba dificultades, pero se mantenía en el reposo de Dios. Ya
es bastante experimentar una prueba y manejarla sin tener que
preocuparnos y estar ansiosos al respecto. ¡Gracias a Dios por su
misericordiosa invitación a entrar en su reposo!

El reposo es guerra espiritual en el ámbito espiritual simplemente porque Satanás no puede entender cómo podemos tener
unos problemas tan intensos y descansar en medio de ellos.
Josafat fue liberado mientras adoraba y cantaba, y entrar en el
reposo de Dios hace lo mismo para nosotros. Nosotros reposar-
nos, Dios obra, y disfrutamos del beneficio.

Estrategia 4: Mantenernos protegidos por la presencia de Dios

Entender la importancia de habitar en la presencia de Dios es el
siguiente tema importante del que quiero hablar en este capítulo.
Yo pasé demasiados años buscando sus regalos (lo que Él podía
hacer por mí) cuando debería haber estado buscando su presencia (quién es Él). Reconocer el valor y poder de la presencia de
Dios ya sea que Él esté haciendo algo por nosotros o no en ese
momento, es muy importante. Lo que necesitamos es a Él, y no lo
que Él puede hacer por nosotros. Tenemos que aprender a buscar
el rostro de Dios y no solamente su mano.

Cualquier cosa aparte de Dios que sintamos que tenemos que

> *Cualquier cosa aparte de Dios que sintamos que tenemos que tener para estar satisfechos es algo que el diablo puede utilizar contra nosotros.*

tener para estar satisfechos es algo que el diablo puede utilizar contra nosotros. Puede que queramos muchas cosas, pero solamente una es necesaria, y es Dios mismo.

Cuando Dios envió a Moisés a llevar al pueblo a la Tierra Prometida, Moisés le dijo: "Mira, tú me dices a mí: Saca este pueblo; y tú no me has declarado a quién enviarás conmigo. Sin embargo, tú dices: Yo te he conocido por tu nombre, y has hallado también gracia en mis ojos. Ahora, pues, si he hallado gracia en tus ojos, te ruego que me muestres ahora tu camino, para que te conozca, y halle gracia en tus ojos; y mira que esta gente es pueblo tuyo" (Éxodo 33:12-13).

Notemos que Moisés pidió a Dios que hiciera algo para demostrar su favor hacia él, pero Dios dijo: "Mi presencia irá contigo, y te daré descanso" (Éxodo 33:14). Moisés respondió rápidamente: "Si tu presencia no ha de ir conmigo, no nos saques de aquí" (Éxodo 33:15).

Moisés era lo bastante sabio para saber que, si la presencia de Dios no estaba con él, no tenía ningún caso salir porque sin ninguna duda sería derrotado. La presencia de Dios está siempre con nosotros, porque Él prometió no dejarnos ni abandonarnos nunca (ver Deuteronomio 31:6).

El hermano Lawrence, un monje que vivió durante el siglo XVII, decidió dedicar su vida a practicar la presencia de Dios y nunca pasar mucho tiempo sin estar atento conscientemente de que Dios estaba con él. Le tomó muchos años el formar el hábito de hacerlo, pero al menos entendió la importancia de buscar a Dios más que ninguna otra cosa. Usted y yo necesitamos reconocer la importancia de buscar su presencia, como hizo el hermano Lawrence.

¿Cuánto tiempo pasa usted sin ni siquiera pensar en Dios? Jeremías dijo que el pueblo de Dios pasaba innumerables días sin ni siquiera pensar nunca en Él (ver Jeremías 2:32). No deberíamos pensar en Dios solamente las mañanas de los domingos cuando vamos a la iglesia, o solamente cuando tenemos un problema en el que necesitamos su ayuda. Él quiere y se merece estar involucrado en todo lo que hacemos. Necesitamos su presencia todo el tiempo, y Él nunca está más lejos que un pensamiento.

En Josué 6:8-9, cuando los israelitas marchaban a la batalla, los siete sacerdotes que llevaban las siete trompetas y el arca del pacto, que llevaba la presencia de Dios, iniciaban el camino. Sabían que Dios tenía que ir en primer lugar, o serían masacrados.

El salmista David tiene mucho que decir sobre la importancia de la presencia de Dios:

- En Salmos 27:4-6, él escribe que solamente hay una cosa que él desea: contemplar la belleza de Dios y habitar en su presencia todos los días de su vida.

- Dice que Dios lo ocultará en su refugio en el día de la angustia y que su cabeza será levantado por encima de sus enemigos (ver Salmos 27:5-6). Podemos ver en esto que habitar en la presencia de Dios es una forma de guerra espiritual. Cuando buscamos a Dios, Él nos protege de nuestros enemigos.

- En Salmos 31:20, David escribe que somos escondidos de "la conspiración del hombre" en la presencia de Dios. Como una figura pública, soy consciente de que algunas personas pueden decir cosas desagradables sobre mí, y este versículo me da consuelo. Es estupendo saber que en la presencia de Dios estoy escondida de los comentarios llenos de pelea que personas puedan hacer sobre mí.

• En Salmos 91:1, se declara que quien habita al abrigo del Altísimo morará bajo la sombra del Omnipotente, y el resto del salmo habla de que la persona será protegida y liberada. Los versículos 9-10 dicen que, si ponemos al Señor como nuestra morada, ningún mal tendrá permitido tocarnos.

Me encantan todas estas promesas maravillosas de protección para quienes buscan la presencia de Dios. Si establece como prioridad el buscar a Dios, estará haciendo guerra espiritual quizá sin ni siquiera darse cuenta.

A continuación, hay algunas sugerencias para cómo puede practicar hacer que la presencia de Dios sea una prioridad mayor en su vida:

• Practique buscar a Dios por quien es Él y no solamente por lo que puede hacer por usted. Incluso podría tomar algunos días para evitar pedir nada a Dios además de Él mismo.

• Comience cada día pasando tiempo con Dios en su Palabra o simplemente hablando con Él. Dígale que no tiene ningún deseo de hacer nada sin Él, y pídale que haga que su presencia sea real para usted.

• Detenga lo que esté haciendo varias veces al día y recuérdese a usted mismo que Dios está a su lado. Dígale a Dios que le necesita y que agradece su presencia en su vida.

• Dé gracias a Dios a lo largo del día. Hay cientos de cosas por las que podemos darle gracias diariamente si tenemos el hábito de hacerlo.

Aprender a practicar la presencia de Dios requerirá formar algunos hábitos que le ayudarán a hacerlo, y eso toma tiempo. No sea impaciente con usted mismo si está ocupado y se da cuenta de que ha pasado el día sin pensar en Él. Solamente en dígale a Él que lo siente, y celebre en los momentos en que sí le recuerda. Dios agradece cualquier esfuerzo que podamos hacer para buscarlo a Él o conocerlo mejor.

Somos protegidos en la presencia de Dios y por ella. Pasar tiempo con Dios, ya sea unas horas o incluso unos minutos, es un tipo de guerra espiritual, y es muy agradable.

CAPÍTULO 16

Guerra espiritual a la manera de Dios, Parte 2

Someteos, pues, a Dios; resistid al diablo, y huirá de vosotros.

Santiago 4:7

La única manera de tener victoria sobre el enemigo en la guerra espiritual es seguir las instrucciones de Dios, y no hacerlo de la manera que podríamos pensar que sería eficaz. En este capítulo, quiero hablarle de cuatro estrategias más para ganar la guerra espiritual peleándola a la manera de Dios.

Estrategia 5: Obediencia

A menudo oímos a personas citar solamente la segunda mitad de Santiago 4:7. Dicen: "resistid al diablo, y huirá de vosotros", pero eso no es el versículo completo. Enfocarnos solamente en la mitad del versículo es peligroso, porque no hay modo alguno de resistir al diablo a menos que antes nos sometamos a Dios y a su voluntad.

En realidad, siempre que nos sometemos a Dios y hacemos lo que Él nos pide en lugar de hacer lo que quizá queremos hacer, participamos en la guerra espiritual. Satanás aborrece cuando obedecemos a Dios, y nuestra obediencia es una potente fuerza contra él.

¡Sencillamente debemos ser obedientes a Dios! Toda desobediencia abre una puerta al enemigo y le da acceso a nuestra vida. Ese es especialmente el caso si somos conscientes de que lo que estamos haciendo está en contra de la voluntad de Dios y lo hacemos de todos modos.

Recordemos a Jesús en el huerto de Getsemaní cuando pidió que si era posible pasara de Él su sufrimiento; pero rápidamente añadió: "pero no se haga mi voluntad, sino la tuya" (Lucas 22:42). Podemos pedir lo que queramos, pero siempre deberíamos tener claro que si lo que queremos no es voluntad de Dios, no lo queremos.

> *"Señor, si lo que estoy pidiendo no es tu voluntad, por favor no me lo des".*

Cuando oro, después de hacer una petición frecuentemente digo: "Señor, si lo que estoy pidiendo no es tu voluntad, por favor no me lo des".

Un buen lugar donde comenzar a caminar en mayor obediencia en nuestra vida es llevar cautivos nuestros pensamientos a la obediencia a Cristo (ver 2 Corintios 10:5). Nuestros pensamientos son privados, y nadie sabe cuáles son excepto Dios y nosotros, de modo que le damos un golpe al enemigo cuando honramos a Dios llevando nuestros pensamientos a la obediencia a Él y a su Palabra. Más que ninguna otra cosa, el enemigo quiere controlar nuestro modo de pensar porque el modo en que pensamos se convertirá en nuestro modo de actuar.

La obediencia a Dios es como demostramos nuestro amor por Él. Jesús dijo: "Si me amáis, guardad mis mandamientos" (Juan 14:15). Quiero destacar que no dijo: "Si me obedecen, yo los amaré". Dios ya nos ama incondicionalmente; su amor por nosotros no se basa en nuestra obediencia, sino que la obediencia es la manera en que demostramos nuestro amor por Él. El apóstol Juan escribe: "Y este es el amor, que andemos según sus mandamientos. Este es el mandamiento: que andéis en amor, como vosotros habéis oído desde el principio" (2 Juan 1:6). Y Jesús dice que somos bienaventurados cuando oímos la Palabra de Dios y la obedecemos (ver Lucas 11:28).

Estrategia 6: Utilizar el poder de las palabras

Otra manera en que podemos y deberíamos hacer guerra espiritual es mediante las palabras que decimos. La Biblia está llena de perspectiva y sabiduría sobre la importancia de las palabras. Yo nunca escribo un libro sin incluir al menos algo de enseñanza sobre el poder de las palabras. Podemos hacer guerra espiritual con nuestras palabras.

Uno de los mejores ejemplos de esto está en Lucas 4:1-12. El Espíritu Santo condujo a Jesús al desierto durante cuarenta días y el diablo lo tentó allí. Cuando tuvo hambre, Satanás sugirió que si Él era el Hijo de Dios podía usar su poder y convertir en pan las piedras que lo rodeaban. Jesús le dijo al diablo: "Escrito está: No sólo de pan vivirá el hombre, sino de toda palabra de Dios" (Lucas 4:4). Satanás no abandonó; le mostró a Jesús "todos los reinos de la tierra. Y le dijo el diablo: A ti te daré toda esta potestad, y la gloria de ellos; porque a mí me ha sido entregada, y a quien quiero la doy. Si tú postrado me adorares, todos serán tuyos. Respondiendo Jesús, le dijo: Vete de mí, Satanás, porque escrito está: Al Señor tu Dios adorarás, y a él solo servirás" (Lucas 4:5-8).

Satanás dijo que los reinos del mundo le habían sido entregados, pero Dios, sin ninguna duda, no fue quien se los entregó. Por lo tanto, ¿quién lo hizo? Adán y Eva se los entregaron. Cuando desobedecieron a Dios y escucharon las mentiras de Satanás, le permitieron robar la autoridad que Dios les había dado a ellos. Jesús vino y le arrebató al diablo esa autoridad, y ahora nos la ha devuelto a nosotros, pero tenemos que creer en ello y caminar en ello, o no nos hará ningún bien. Igual que Adán y Eva entregaron su autoridad mediante la desobediencia, nosotros recuperamos nuestra autoridad y la mantenemos mediante ser obedientes a Dios.

Cuando Satanás habló a Jesús, Jesús le respondió, y nosotros tenemos que hacer lo mismo. Jesús usó la Palabra de Dios y respondió a las tentaciones de Satanás con la Escritura. Satanás no abandona fácilmente. Los versículos 9:11 dicen: "Y le llevó a Jerusalén, y le puso sobre el pináculo del templo, y le dijo: Si eres Hijo de Dios, échate de aquí abajo; porque escrito está: A sus ángeles mandará acerca de ti, que te guarden; y, En las manos te sostendrán, para que no tropieces con tu pie en piedra". Observaremos que Satanás conoce la Escritura, e incluso intentará usarla de maneras inadecuadas para atraernos a la desobediencia. Pero como Jesús conocía la verdad, respondió a Satanás: "No tentarás al Señor tu Dios" (Lucas 4:12). La historia concluye con estas palabras: "Y cuando el diablo hubo acabado toda tentación, se apartó de él por un tiempo" (Lucas 4:13).

Podemos aprender mucho sobre hacer guerra espiritual a la manera de Dios estudiando esta parte de la Escritura. Jesús peleó contra el diablo con la Palabra de Dios; respondió al diablo, y nosotros podemos y deberíamos hacer lo mismo. Jeremías profetizó: "y aquel a quien fuere mi palabra,

> *Cuando Satanás le miente, ¿reconoce sus mentiras y le responde?*

cuente mi palabra verdadera" (Jeremías 23:28). Cuando Satanás le miente, ¿reconoce sus mentiras y le responde? Si no, necesita comenzar a hacerlo. Cuando lleguen a su cabeza pensamientos que usted no quiere, el mejor modo de librarse de ellos es declarar en voz alta algo en lo que sí quiere pensar.

Recuerde: una pieza de nuestra armadura es la espada del Espíritu, que es la Palabra de Dios. Pablo dijo que la Palabra de Dios es cortante como una espada (ver Hebreos 4:12), pero no nos hace ningún bien a menos que la utilicemos, y lo hacemos estudiando, meditando y declarando la Palabra de Dios. La Palabra de Dios contiene verdad para derrotar cada mentira de Satanás, y si conocemos esa verdad podemos utilizarla contra él. El propósito de estudiar la Palabra de Dios es meditar en ella y dejar que renueve nuestra mente, nos enseñe a pensar adecuadamente, y nos permita reconocer las mentiras del enemigo. Es también para que podamos declarar la Palabra y hacer guerra espiritual con ella.

Notemos que dos de las tentaciones que Satanás lanzó contra Jesús tenían que ver con su identidad como el Hijo de Dios. Yo creo que la identidad es también un área sobre la que Satanás nos miente. Él nos acusa, esperando hacernos sentir indignos y culpables; intenta hacernos sentir insignificantes y no amados, y quiere que creamos que Dios no se agrada de nosotros. Por eso, yo intento con tanto empeño enseñar a las personas quiénes son en Cristo y que Dios los ama incondicionalmente. Es muy importante que sepan que tienen dones, son valiosos, y parte del plan de Dios. Es vital que sepan que Él los adora y que nunca los dejará ni los abandonará.

Para muchos cristianos, la idea de responder al diablo, o hablar en voz alta contra las mentiras del diablo, puede parecer necio, pero podemos ver que Jesús lo hizo. Si Él lo hizo, nosotros también deberíamos hacerlo.

Sin embargo, hay un tiempo para todo (ver Eclesiastés 3:1). Hay un tiempo para hablar y un tiempo para callar. Necesitamos saber, no solo cuándo hablar y qué decir, sino también cuándo no decir nada. La muerte y la vida están en poder de la lengua (ver Proverbios 18:21).

Las personas que están agitadas emocionalmente son tentadas por lo general a hablar de cómo se sienten, y eso puede ser peligroso. Si no podemos decir algo positivo durante los tiempos de prueba, deberíamos escoger quedarnos callados. Jesús les dijo a sus discípulos en una ocasión que no hablaría mucho más con ellos, porque el príncipe maligno de este mundo iba a llegar. Afirmó que el diablo no tenía nada que reclamarle, refiriéndose a que no había nada en Él que perteneciera a las potestades de las tinieblas (ver Juan 14:30). Evidentemente, Él estaba decidido a no decir nada que pudiera darle a Satanás una puerta abierta, así que se mantuvo en silencio intencionadamente.

Un pasaje similar, una profecía acerca de Jesús, es Isaías 53:7: "Angustiado él, y afligido, no abrió su boca; como cordero fue llevado al matadero; y como oveja delante de sus trasquiladores, enmudeció, y no abrió su boca".

A menudo somos tentados a decir cosas que no deberían decirse, y recomiendo que oremos regularmente con respecto a esto. Jesús dijo: "Orad para que no entréis en tentación" (Lucas 22:46). En raras ocasiones dejo pasar un día sin pedirle a Dios que ponga guarda sobre mi boca para así no pecar con mi lengua (ver Salmos 141:3). Nadie puede domar la lengua sin la ayuda de Dios. Santiago dijo que es un mal sin freno lleno de veneno mortal (ver Santiago 3:8). ¡Vaya! A mí me parece que eso suena lo bastante serio para requerir oración regular, ¿no cree?

Al dejar el tema de hacer guerra espiritual con las palabras, permítame citar uno de los versículos más poderosos de la Biblia acerca de las palabras que decimos.

Ninguna palabra corrompida salga de vuestra boca,
sino la que sea buena para la necesaria edificación, a
fin de dar gracia a los oyentes.

Efesios 4:29

Estrategia 7: Amor

Aprender que caminar en amor es guerra espiritual fue muy emocionante para mí, y ha beneficiado mi vida en muchos aspectos.
Al estudiar la Biblia, aunque nos enseña muchas cosas, hay algunos temas que podríamos decir que destacan como cosas que no
queremos pasar por alto o tomar a la ligera. El tema del amor es
una de ellas.

Cuando le preguntaron cuál era el mandamiento principal y
más importante, Jesús dijo: "Amarás al Señor tu Dios con todo tu
corazón, y con toda tu alma, y con toda tu mente. Este es el primero y grande mandamiento. Y el segundo es semejante: Amarás
a tu prójimo como a ti mismo" (Mateo 22:37-39).

En 1 Corintios 13:2-3, Pablo enseña que a pesar de lo mucho
que hagamos o cuánta fe tengamos, incluso si entregamos todo lo
que tenemos y sacrificamos nuestra vida, si no tenemos amor no
nos sirve de nada. También enseña que la fe obra por el amor y es
vigorizada por el amor (ver Gálatas 5:6). Por lo tanto, a pesar de
cuánto intentemos ejercitar nuestra fe, si no estamos caminando
en amor, nuestra fe no tiene poder. Pablo también escribió a Timoteo, un joven ministro, que la meta de su llamado y su encargo
de parte de Dios era el amor que viene "de corazón limpio, y de
buena conciencia, y de fe no fingida" (1 Timoteo 1:5). Estos versículos establecen todos ellos el mismo punto esencialmente: el
amor es lo más grande y más importante en el mundo.

Dios nos ama, y es su amor el que envió a Jesús a salvarnos. Es su amor lo que nos sana, y que fluya su amor por medio de nosotros hacia otros debería ser nuestra meta. Satanás nos tienta con cosas que son lo contrario al amor, porque cuando caminamos en amor genuino, nos proporciona una fuerte defensa contra él. Por ejemplo, si usted está enojado con alguien y decide perdonar a esa persona y cubrir la ofensa con amor en este momento, estaría haciendo guerra espiritual.

Todo el mundo en el planeta está buscando amor. ¡Queremos ser amados! El amor tiene la capacidad de lograr muchas cosas maravillosas. Sana corazones quebrantados, da esperanza a quien no la tiene, ayuda a proveer para los pobres y necesitados, y edifica y alienta a los desalentados y deprimidos. Amar a las personas les hace sentirse valiosas.

Amor no es solamente una palabra o un tema para un sermón el domingo en la mañana; es un poder que puede verse y sentirse. El amor pasa a la acción, y tiene que fluir para mantenerse vivo. Nunca somos más felices que cuando demostramos amor a los demás. La mayoría de nosotros cometemos el error de pensar que la felicidad llegará al conseguir todo lo que queremos, pero eso nos hace ser egoístas y sentirnos desgraciados. Aunque parece que no podría funcionar, la verdad es que hacer cosas por otras personas y dar a otros es la fuente del gozo verdadero.

Recientemente suplimos una necesidad económica para un amigo nuestro, y aunque mi carne no quería particularmente soltar el dinero, yo sabía que Dios quería que hiciéramos esa ofrenda. Al obedecer a Dios y mostrar amor, estábamos haciendo guerra espiritual. Actuar en amor es como construir muros de protección a nuestro alrededor.

Estrategia 8: Vencer el mal con el bien

Como he mencionado varias veces en este libro, Romanos 12:21 dice que vencemos el mal con el bien; por lo tanto, digo que derrotamos al diablo (hacemos guerra espiritual) siendo buenos y amando a los demás. Esto es especialmente poderoso cuando estamos bajo ataque del enemigo, atravesando circunstancias que son difíciles y dolorosas. En lugar de mirar hacia adentro y pensar en cuán miserables somos y cuán injustamente estamos siendo tratados, deberíamos proponernos orar acerca de las cosas en las que necesitamos ayuda de Dios y después echar nuestros afanes sobre Él y mantenernos ocupados bendiciendo a otras personas.

> *Derrotamos al diablo (hacemos guerra espiritual) siendo buenos y amando a los demás.*

Cuando Satanás ataca, espera hacernos sentir desgraciados y egoístas, pero si respondemos a su ataque con actos de bondad y supliendo las necesidades de otros, él queda confuso y entonces es derrotado. Si atendemos el negocio de Dios, que es amar a la gente, entonces Él se ocupará de nosotros. Él peleará nuestras batallas y se asegurará de que ganemos.

Amar a otros, especialmente cuando estamos sufriendo, es algo que nunca "tendremos ganas" de hacer, de modo que debemos hacerlo a propósito. Debemos disciplinarnos a nosotros mismos para amar, y aunque este tipo de disciplina parece dolorosa en lugar de agradable, más adelante da un buen fruto (ver Hebreos 12:11).

El peligro del enojo

Una gran parte de amar a los demás implica soltar el enojo cuando las personas nos hacen daño o nos decepcionan, y el modo en que lo hacemos es perdonándolas. Debemos ser rápidos en perdonar y recordar siempre que Dios nos ha perdonado mucho más de lo que se nos haya pedido jamás que perdonemos a otros.

Muchos cristianos viven enojados y prestan poca atención a las repetidas enseñanzas de la Biblia sobre el peligro del enojo y la falta de perdón. Pablo escribe que no deberíamos dejar que nuestro enojo nos lleve a pecar, ni tampoco permitamos que se ponga el sol sobre nuestro enojo. Si lo hacemos, le damos una oportunidad al diablo para que trabaje en nuestras vidas (ver Efesios 4:26-27). Dios no espera que nunca sintamos la emoción del enojo, pero sí espera que no permitamos que nos conduzca al pecado. Podemos sentirnos ofendidos y aun así decidir hacer lo correcto.

Pablo escribe en 2 Corintios 2:10-11 que es importante que perdonemos para evitar que Satanás obtenga una ventaja sobre nosotros, y que no seamos ignorantes de sus maquinaciones. Intentar mantenernos enojados, amargados, resentidos y sin querer perdonar es una de las estrategias más despiadadas de Satanás, y si no lo resistimos en estas áreas, causará un gran daño a nuestra vida.

Jesús enseña que si no perdonamos a otros cuando nos ofenden, Dios no perdonará nuestras ofensas (ver Mateo 6:15). Me pregunto cuántas personas no entienden por qué parece que no se sienten cerca del Señor o por qué sus oraciones no son contestadas, y sin embargo guardan enojo y se niegan a perdonar a quienes les han ofendido.

Es mi oración que se tome usted en serio estas ideas. No tiene caso alguno esperar que Dios pelee nuestras batallas si no le obedecemos al perdonar a quienes nos han hecho daño.

¿Por qué perdonar es tan difícil?

Perdonar a otros puede ser muy difícil a menos que lo hagamos a la manera de Dios. Él nos ha dicho que oremos por nuestros enemigos y los bendigamos, no los maldigamos. Lucas incluso escribe que deberíamos ser amables con ellos.

> Pero a vosotros los que oís, os digo: Amad a vuestros enemigos, haced bien a los que os aborrecen; bendecid a los que os maldicen, y orad por los que os calumnian.
>
> Lucas 6:27-28

Tomamos la decisión de obedecer a Dios haciendo lo que estos versículos nos dicen que hagamos. Entonces Dios sanará nuestras emociones heridas y nos reivindicará. Podemos obedecer la Palabra de Dios si no dejamos que nuestros sentimientos nos gobiernen. Quizá no parezca justo, pero Dios es un Dios de justicia, y endereza las cosas si hacemos lo que Él nos enseña. No tenemos que pelear con las personas; Dios peleará nuestras batallas por nosotros si peleamos con amor en lugar de hacerlo con odio.

Le aliento firmemente a que decida ahora mismo que, con la ayuda de Dios, no desperdiciará un día más de su vida estando enojado. Comience a pelear con amor y perdón, y derrotará fácilmente al diablo.

CAPÍTULO 17

El poder de una vida agradecida

*Después de consultar con el pueblo, Josafat designó a los
que irían al frente del ejército para cantar al Señor y alabar el esplendor de su santidad con el cántico: "Den gracias al Señor; su gran amor perdura para siempre".*

2 Crónicas 20:21

Recordemos que Josafat ganó su batalla siguiendo las instrucciones del Señor. Le dijeron que no tendría que luchar en la batalla
que enfrentaba, y que estuviera tranquilo y viera la salvación del
Señor. Él se postró delante de Dios, lo adoró, y envió cantores
a cantar. Es interesante que los cantores tenían que cantar algo
muy concreto: "Den gracias al señor; su gran amor perdura para
siempre" (2 Crónicas 20:21, NVI). Cuando comenzaron a cantar,
el Señor derrotó a sus enemigos.

El poder de la alabanza y la adoración es asombroso, tal como
lo es dar gracias. Debemos alabarlo y bendecir su nombre (ver
Salmos 100:4). Parece que expresar agradecimiento es muy
importante. Intente tomar un día entero cada semana para dar
gracias a Dios por cosas como el agua potable, una casa caliente
en el invierno, alimentos para comer, amigos y familia a quienes
amar, y miles de otras cosas que fácilmente podemos dar por sen-
tadas a menos que nos propongamos reconocerlas y estar agradecidos por ellas.

Si mantenemos nuestra mente y nuestra boca llenas de gratitud, nos quejaremos mucho menos. Todos hemos oído el dicho "cuente sus bendiciones", pero ¿y si realmente lo hiciéramos? Contar nuestras bendiciones, o pensar en ellas regularmente, es una manera de no comenzar nunca a darlas por hechas ni desarrollar una actitud de merecimiento. ¿Cuánto tiempo ha pasado desde que le dio gracias a Dios por el agua potable, o por vivir en una casa con calefacción y aire acondicionado? Millones de personas en todo el mundo no tienen ninguna de estas comodidades, y encuentran otras cosas por las que agradecer a Dios. Todos tenemos mucho por lo cual estar agradecidos, pero es posible estar tan centrados en lo que no tenemos o lo que necesitamos que no vemos que sí tenemos, y mucho menos estamos agradecidos por ello.

La queja no derrota al diablo

¡No hay ningún departamento de quejas en el cielo! Dios no responde las quejas; solamente responde oraciones y peticiones ofrecidas con gratitud (ver Filipenses 4:6). ¿Por qué debería darnos Dios más de cualquier cosa si estamos infelices con lo que ya tenemos y nos quejamos al respecto? No es lo que tenemos o no tenemos lo que nos hace estar malhumorados o agradecidos, es nuestra actitud. Es un asunto de carácter. Hay cientos de versículos en la Biblia que utilizan la palabra *gratitud*, alguna forma de ella, o palabras relacionadas (como *agradecimiento*). Cualquier cosa que se repite tantas veces en la Palabra de Dios debe ser sin duda importante. Tengo la sensación de que

> *¿Por qué debería darnos Dios más de cualquier cosa si estamos infelices con lo que ya tenemos y nos quejamos al respecto?*

meramente ser más agradecidos y enfocarnos en nuestras bendiciones cambiaría muchas cosas en nuestras vidas para mejor. También desarmaría al enemigo y le denegaría el acceso a nuestra vida.

Esta noche tengo que ir a una boda. Está bastante lejos de mi casa, y me he encontrado murmurando en mi corazón al Señor acerca de lo lejos que está y que regresaré muy tarde a casa. ¡Pero la buena noticia es que me invitaron! Tengo algo que hacer esta noche mientras que multitudes de personas se quedarán solas en casa, personas que estarían muy contentas de tener la invitación que yo recibí. Estoy segura de que todos podemos pensar en muchas situaciones como esta en nuestras propias vidas, pero podemos ser agradecidos a propósito. Nuestro gozo aumenta de modo drástico si simplemente cambiamos nuestra perspectiva y buscamos las cosas por las que podemos estar agradecidos en lugar de quejarnos por las inconveniencias y retos que enfrentamos.

La queja no derrota al diablo, pero sí abre una puerta de oportunidad para que nos acose. Los israelitas pasaron cuarenta años en el desierto en un viaje que debería haberles tomado once días (ver Deuteronomio 1:2). Estuvieron dando vueltas y vueltas por las mismas montañas, haciendo las mismas cosas una y otra vez. La Tierra Prometida estaba delante de ellos, pero no podían llegar allí sin derrotar a los enemigos que se interponían entre ellos y la tierra que Dios les había prometido. En lugar de pedir dirección a Dios y ser obedientes a Él, se quejaron mucho.

En 1 Corintios 10:1-10, Pablo escribe sobre la situación de los israelitas, alentándonos a no cometer los mismos errores que ellos cometieron. Nos insta a permitir que lo que les sucedió a los israelitas sea un ejemplo para nosotros y así poder evitar la misma conducta.

Les dijo que no participaran en la inmoralidad como hicieron algunos de los israelitas, después de lo cual cayeron muertos veintitrés mil en un solo día. Dijo que no debemos poner a prueba a Cristo, como hicieron algunos de ellos y fueron destruidos por serpientes (representando al diablo), ni tampoco deberíamos murmurar como hicieron algunos de ellos y fueron destruidos por el destructor (ver 1 Corintios 10:8-10).

Le aliento firmemente a que vuelva a leer estos versículos y los tome en serio. La queja abre una puerta para que el diablo produzca destrucción en nuestra vida, pero otros versículos muestran claramente que la gratitud mantiene bien cerradas las puertas cuando él intenta entrar. La queja añade a nuestra angustia, mientras que la gratitud libera gozo.

Meister Eckhart dijo: "Si la única oración que usted pronuncia jamás en toda su vida es gracias, será suficiente". Un hombre dijo que una vez se quejó por no tener zapatos hasta que se encontró con un hombre que no tenía pies.

Dudo que cualquiera de nosotros pueda llegar a imaginar cuán poderosa sería nuestra vida si viviéramos diariamente con un corazón lleno de gratitud. Pero incluso si hemos cometido errores en el pasado al quejarnos demasiado y no ser lo bastante agradecidos, podemos tener un nuevo comienzo, y puede empezar hoy mismo.

¿Está dispuesto a emprender la acción?

Nunca se queje de algo acerca de lo cual no está dispuesto a hacer nada. Como ejemplo, podría usted quejarse de no dormir suficientes horas, pero podría organizar su vida de tal modo que pudiera dormir lo suficiente. Dios no puede hacer que duerma usted más si no se va a la cama a la hora que sea adecuada para usted. O quizá se queja frecuentemente de cuán ocupado está, pero sigue aceptando cada vez más cosas cuando debería recortar algunos compromisos de su horario. Tal vez se queja de la deuda, pero ha olvidado que es usted quien gastó el dinero. Quizá se queja de lo mal que se siente físicamente, pero no deja de comer comida basura y nunca hace ejercicio. Yo antes me sentía cansada la mayor parte del tiempo, y oré con diligencia para que Dios me diera más energía. En cambio, Él me condujo a comenzar a caminar algunos kilómetros diariamente. Lo hice, y comencé a sentirme mejor. Algunas veces buscamos un milagro cuando lo único que necesitamos es sentido común. Hay muchas cosas que pedimos que Dios haga por nosotros y no recibimos respuestas, porque no estamos haciendo lo que Él ya nos ha mostrado que hagamos.

> *Algunas veces buscamos un milagro cuando lo único que necesitamos es sentido común.*

Esté contento con lo que tiene mientras está de camino a tener lo que quiere. Tal vez tiene una visión o un sueño para su vida, y le insto a disfrutar del viaje mientras espera verlo cumplido. Cada fase o periodo de la vida es necesario y valioso, de modo que deje que su viaje sea de gratitud en lugar de murmuración y queja. La queja no acelera su progreso, sino que lo ralentizará.

Santiago escribe que no hemos de quejarnos unos de otros y traer juicio sobre nosotros mismos (ver Santiago 5:9). Hablar sobre los fallos y debilidades de las personas que hay en nuestras vidas puede que sea una de nuestras quejas más frecuentes, pero todos tenemos fallos. Hacer un inventario sincero de nuestros propios fallos nos ayuda a cubrir las ofensas de otros en un espíritu de amor. Primera de Pedro 4:8 dice: "el amor cubrirá multitud de pecados".

Yo intento dar gracias a Dios diariamente por mi familia y amigos, y pensar en todas las personas en el mundo que están solas y no tienen a nadie con quien poder compartir ni siquiera una comida. Nadie es perfecto, y mientras más llegue a conocer a las personas, más puede ver o notar cualidades en ellas que quizá no le gusten, pero también ve ventajas que hacen que la relación con ellos sea valiosa. Por ejemplo, mi esposo no tiene como punto fuerte los regalos, de modo que, en raras ocasiones, recibo flores de parte de él, a menos que su secretaria las envíe en su nombre el día de San Valentín. En raras ocasiones, aparece con un regalo, y por muchos años me quejé de eso. Pero sí realiza todo tipo de actos de servicio por mí. Él lava los platos en la noche, saca la basura, hace recados si yo lo necesito. Es afectuoso y no deja pasar un día sin decirme que me ama. Me da libertad para hacer lo que yo quiero hacer. Por lo tanto, puedo quejarme sobre las cosas que él no hace, o puedo ser agradecida por lo que sí hace. ¡Nadie lo hace todo! Sencillamente no hay personas perfectas.

No deberíamos acudir a Dios con una queja sin una visión. Habacuc acudió a Dios con una queja, y Él dijo: "Escribe la visión, y declárala en tablas, para que corra el que leyere en ella" (Habacuc 2:2).

Nehemías oyó una queja sobre los muros derribados en Jerusalén (ver Nehemías 1:3), de modo que tuvo una visión y un plan para reconstruirlos (ver Nehemías 2:4-18).

Si tiene usted una queja sobre su empleo, entonces comience a buscar otro mejor, pero manténgase agradecido y amable en el que tiene actualmente. Muchas personas que no pueden encontrar un empleo probablemente querrían tener el empleo por el que usted se queja.

No podemos llegar a una posición mejor en la vida quejándonos. Deberíamos orar, ser agradecidos por lo que tenemos, y pedir a Dios que nos muestre lo que Él quiere que hagamos para mejorar nuestra situación.

Sea una estrella brillante

La Escritura nos alienta a ser estrellas brillantes que resplandecen para Dios en un mundo oscuro.

> Háganlo todo sin quejas ni contiendas, para que sean intachables y puros, hijos de Dios sin culpa en medio de una generación torcida y depravada. En ella ustedes brillan como estrellas en el firmamento
>
> Filipenses 2:14-15

Debemos hacer todo "sin quejas ni contiendas". Esto hace que la voluntad de Dios para nosotros sea muy clara. Cuando estamos en el mundo día tras día, oímos más quejas que otra cosa. Solamente comience a prestar atención, y creo que estará de acuerdo. Las personas se quejan de la climatología, de su empleo, del gobierno, de las personas en sus vidas, de los precios elevados, y de sus dolores y males. La lista es interminable, pero Dios nos ofrece una oportunidad de resplandecer con fuerza para Él simplemente negándonos a quejarnos. Y juntamente con evitar la queja, podemos ir un paso más allá y decir tantas cosas positivas como podamos.

No apague al Espíritu Santo

Apagar significa "dejar de funcionar, extinguir, expirar, ahogar". La libertad del Espíritu Santo para obrar en nuestras vidas es vital, de modo que hacer cualquier cosa que lo apague o entristezca no es bueno.

> Den gracias a Dios en toda situación, porque esta es su voluntad para ustedes en Cristo Jesús. No apaguen el Espíritu.
>
> 1 Tesalonicenses 5:18-19

Cuando estudié estos versículos hace muchos años, comencé a entender que la queja es un problema más grave de lo que yo había imaginado nunca. Dudo que yo pasara incluso un solo día sin quejarme o murmurar sobre algo. Oro para poder seguir creciendo en esta área y, espero que algún día pueda decir que nunca me quejo de nada, pero entiendo que eso requerirá mucha ayuda de Dios.

¿Puede usted experimentar interrupciones e inconveniencias sin quejarse? ¿Puede enfrentar dificultades inesperadas y no quejarse o murmurar? La queja es una respuesta de reacción a algo que no nos gusta. No quejarnos es algo que tenemos que hacer a propósito. Se requiere mucha disciplina y dominio propio, y también creo que requiere tener una consciencia de cuán peligrosa es la queja. Ninguno de nosotros querría abrir una puerta al diablo e invitarlo a entrar en nuestra vida, y una manera en que podemos cerrarle bien la puerta es ser agradecidos en todo momento y en todo. Ser agradecido es lo contrario a la queja, y logra muchas cosas para nosotros en el ámbito espiritual. Por ejemplo, la gratitud nos protege, nos fortalece, y aumenta nuestra fe. Veamos cada uno de estos beneficios de modo más detallado.

> ¿Puede usted experimentar interrupciones e inconveniencias sin quejarse?

La gratitud nos protege.

Ser agradecidos nos protege de la autocompasión, la avaricia, el desaliento, e incluso la depresión. Yo he desperdiciado muchos días revolcándome en esas emociones negativas porque las cosas no iban como yo quería, pero oro para que no desperdicie ni un día más haciendo eso.

La gratitud también nos protege de nuestros enemigos. Deuteronomio 28:47-48 dice: "Por cuanto no serviste a Jehová tu Dios con alegría y con gozo de corazón, por la abundancia de todas las cosas, servirás, por tanto, a tus enemigos".

¡Vaya! Este es un pasaje aleccionador. Debido a que el pueblo no fue agradecido, sirvió a sus enemigos. Es obvio por estos versículos y otros que una vida agradecida es una vida poderosa.

La gratitud nos fortalece.

Tener una actitud positiva y alegre añade fortaleza a nuestra vida, pero ser negativos y quejarnos nos quita fortaleza. He oído que se necesitan menos músculos para sonreír que para fruncir el ceño. Del mismo modo, ser positivos nos da fortaleza, mientras que ser negativos nos roba fortaleza. ¿Quiere tener más fortaleza o menos?

Pablo hizo esta oración por la iglesia en Colosas, y creo que por nosotros también.

> Fortalecidos con todo poder, conforme a la potencia de su gloria, para toda paciencia y longanimidad; con gozo dando gracias al Padre que nos hizo aptos para participar de la herencia de los santos en luz.
>
> Colosenses 1:11-12

Al estudiar las oraciones de Pablo por las diversas iglesias a las que ministró, me ha resultado interesante que él nunca oraba para que sus problemas se alejaran; oraba solamente para que fueran fuertes, pacientes y gozosos en las pruebas, y que soportaran todo con templanza.

Quizá nosotros mismos deberíamos orar de ese modo en lugar de orar siempre para que Dios elimine los aspectos difíciles de nuestra vida.

La gratitud aumenta nuestra fe.

Colosenses 2:7 nos enseña: "arraigados y sobreedificados en él, y confirmados en la fe, así como habéis sido enseñados, abundando en acciones de gracias". Mientras más agradecidos seamos, más reconocemos las bendiciones de Dios y su cuidado providencial en nuestra vida. Mientras más tengamos en mente todo lo que Dios hace por nosotros según su bondad, no según la nuestra, más es alimentada nuestra fe en Él. Aprendemos por la Palabra de Dios que la fe puede crecer. Jesús dijo que algunas personas tenían poca fe y que otras tenían gran fe, de modo que es obvio que la fe puede aumentar, y ser agradecidos ayuda a que eso suceda.

Gratitud es la expresión de gozo hacia Dios y, por lo tanto, es un fruto del Espíritu (ver Gálatas 5:22-23). Se alienta a los creyentes a abundar en ello (ver Colosenses 2:7). No hemos de ser un poco agradecidos, sino abundar y rebosar de gratitud.

La gratitud es parte de la alabanza

Alabanza se define en la versión en el internet del diccionario *Vine* de palabras griegas del Nuevo Testamento como "un relato [o] narración" que "vino a denotar 'elogio' en el [Nuevo Testamento] solamente de alabanza a Dios" (gospelhall.org/bible); es decir, un relato de las cosas buenas que Dios hace. Ha de dirigirse la alabanza a Dios, con respecto a su *gloria* ("la exhibición de su carácter y operaciones", según el diccionario *Vine* (gospelhall. org/bible).

La Palabra nos enseña repetidamente a alabar, incluso a ofrecer a Dios "sacrificio de alabanza". "Así que, ofrezcamos siempre a Dios, por medio de él, sacrificio de alabanza, es decir, fruto de labios que confiesan su nombre" (Hebreos 13:15). Un sacrificio, a menudo, denota renunciar a algo. Este versículo nos pide que renunciemos a la queja y en cambio encontremos algo por lo que estar agradecidos en cada situación. Bajo el antiguo pacto, el pueblo ofrecía animales y productos como sacrificios a Dios, pero Él desea que le entreguemos corazones llenos de gratitud por toda su bondad. Cuando lo hacemos, estas oraciones de agradecimiento suben delante de Él como un sacrifico de olor fragante, y le agradan.

El diablo es quien nos tienta a quejarnos y murmurar, y a encontrar fallos en nuestra vida, en las personas que están en nuestra vida, e incluso a veces en Dios. Podemos resistirlo y en cambio ser obedientes a Dios en esta importante área de ser agradecidos, ¡y expresarlo!

CAPÍTULO 18

Una mente hermosa

Pero temo que como la serpiente con su astucia engañó a Eva, vuestros sentidos sean de alguna manera extraviados de la sincera fidelidad a Cristo.

2 Corintios 11:3

Por años, fui adicta al razonamiento. No podía estar en paz a menos que pensara que lo tenía todo solucionado, y el resultado era mucha confusión, y complicación, y falta de paz.

El cristianismo es sencillo, pero el diablo trabaja para convertirlo en algo complejo, difícil y confuso. Debemos estar en guardia contra nuestro poderoso adversario, y siempre que nos encontremos confundidos, deberíamos recordar que Dios no es un Dios de confusión (ver 1 Corintios 14:33). Hemos de estar alerta para que nadie nos engañe o nos tome cautivos mediante la filosofía (Colosenses 2:8).

Uno de los mayores regalos de Dios a la humanidad es la mente. La capacidad de entender, pensar y contemplar nos destaca de todas las otras criaturas. Versículos en el libro de Proverbios y en toda la Biblia nos instan repetidamente a buscar entendimiento, pero apoyarnos demasiado en nuestro propio conocimiento puede volverse peligroso. Dios quiere que busquemos conocimiento de Él y de sus principios. Como la humanidad está caída, este estupendo regalo de la mente y su capacidad de retener conocimiento hace que a menudo las personas sean orgullosas, incluso hasta el punto de que piensan que saben más de lo que realmente saben. El diablo siempre ha atacado a las personas en su modo de pensar; también ataca nuestras emociones y nuestra voluntad, pero nuestra mente es su diana favorita. Deberíamos buscar mantener nuestra mente llena de pensamientos hermosos, buenos y pacíficos.

Podríamos suponer que mientras más inteligentes son las personas, menos probabilidades tienen de ser engañadas, pero a veces lo contrario es cierto. Mientras más ingenua es una persona, más fácil es pensar como un niño y simplemente creer lo que la Biblia dice sobre Cristo. Jesús dijo que debemos acudir a Él como niños, o no entraremos en su reino (ver Lucas 18:17). En el mundo, las personas ingenuas a menudo son consideradas erróneamente poco inteligentes, pero en el reino de Dios no es ese el caso. Dios desea que sencillamente creamos lo que Él dice en su Palabra por encima de todas las cosas. Algunas personas que son muy inteligentes y dependen demasiado de su propia mente puede que tengan dificultad en creer el evangelio debido a su simplicidad. Creen que debe añadirse algo más complejo.

Pablo tenía una elevada educación académica, y Dios lo utilizó para escribir dos terceras partes del Nuevo Testamento. Sin duda, no hay nada de malo en tener educación formal. Nuestra mente puede ser una gran ventaja para nosotros, pero también puede obstaculizar la fe sencilla en Jesús. Pablo enseñó a los griegos, que también tenían mucha educación, y le resultó necesario recordarles frecuentemente que tuvieran cuidado con los posibles peligros de depender demasiado de su conocimiento (ver 1 Corintios 1:22-25). Algunas personas quieren entender todo y pasan gran cantidad de tiempo razonando sobre asuntos que no les resultan claros. Un científico, por ejemplo, podría tener dificultad en creer la sencilla verdad de la Biblia porque siente que necesita pruebas científicas para poder creer. Aunque deberíamos utilizar nuestro razonamiento, también debemos llegar a la conclusión de que la razón no es y nunca será suficiente para entender las cosas de Dios.

Misterios

No hay nada que yo disfrute más que un buen misterio. Las historias de misterio me intrigan. Ver y esperar cómo se desarrolla la trama puede mantenerme al borde de mi silla. El hecho de que Dios está lleno de misterio es parte de lo que hace que una relación con Él sea atractiva. Por ejemplo, el hecho de que Jesús nació de una virgen es un misterio. La Trinidad es un misterio. Cristo en nosotros es un misterio que antes estaba escondido, pero ahora es revelado (ver Colosenses 1:26-27). La persona más sabia del mundo es la que entiende que nunca lo entenderá todo, especialmente a Dios y su plan para la redención de la humanidad.

> *La persona más sabia del mundo es la que entiende que nunca lo entenderá todo.*

Cuando se trata del evangelio de Cristo creemos con nuestro corazón, no con nuestra cabeza. Nosotros no vimos morir a Cristo en la cruz, pero en nuestros corazones creemos que lo hizo. No lo vemos con nuestros ojos naturales, pero sabemos positivamente que Él está con nosotros en todo momento.

Pablo advirtió a los corintios que podían engañarse a sí mismos. Dijo que las personas no deberían engañarse a sí mismas pensando que son sabias a la manera en que el mundo considera la sabiduría, sino que deberían convertirse en necios por lo que respecta a la sabiduría del mundo para así poder ser verdaderamente sabios en las cosas que realmente importan (ver 1 Corintios 3:18). Existe sabiduría del mundo, y está la sabiduría que viene de Dios. La sabiduría y las filosofías del mundo son aquello contra lo que nos advierte Pablo (ver 1 Corintios 1:18-31). Un filósofo es alguien que es un pensador. Todos pensamos, pero es posible pensar demasiado y terminar razonando nosotros mismos la verdad sencilla de la Palabra de Dios.

Una persona inteligente podría decir que no tiene ningún sentido que un hombre pudiera morir por los pecados de todos, o que ser el último finalmente nos haga ser el primero, o que a fin de obtener más debemos dar parte de lo que tenemos. Mientras más intentan las personas forzar estos misterios para que tengan sentido para la mente, más confusos parecen. Es en este punto de razonamiento excesivo donde Satanás puede colarse y ofrecer una solución aparentemente razonable. Él ofrece un pensamiento o filosofía que parece encajar muy bien en la mente, pero puede estar lleno de peligroso error y conducir a la persona a un gran engaño.

Muchos que no creen en Dios dicen que no pueden creer en un Dios que permitiría el tipo de sufrimiento que vemos en el mundo. Dicen que Dios no permitiría que niños pequeños mueran de hambre; pero la Palabra de Dios nos dice que Dios es siempre y solamente bueno, y que los problemas del mundo existen debido a la rebelión del hombre contra Dios y contra su plan para la humanidad (ver Romanos 5:12-21). Esto no significa que los niños que mueren de hambre hayan sido rebeldes, sino que nuestro mundo está en un caos porque está lleno de pecado, y cualquier persona verdaderamente inteligente puede ver que mientras más aumenta el pecado en el mundo, más aumentan también nuestros problemas. Muchas de estas situaciones son misterios para nosotros. No entendemos por qué buenas personas tienen cáncer o por qué una madre pierde a sus cuatro hijos en el incendio de su casa.

Estos tipos de circunstancias son ocasiones para que nos apoyemos en Dios y confiemos en Él, y no deberían convertirse en oportunidades para que culpemos a Dios y permitamos que Satanás nos distancie de Él porque no entendemos la razón del problema. No necesitamos fe si tenemos todas las respuestas. Confiar en Dios requiere que permitamos misterios y preguntas no contestadas, que creamos que Dios tiene todas las respuestas, y que estemos convencidos de que Él es bueno y justo.

Nuestra mente traza planes, pero por fortuna Dios dirige nuestros pasos (ver Proverbios 16:9). Como sabría cualquiera que haya tenido una relación con Dios durante cualquier periodo de tiempo, Dios está lleno de sorpresas y frecuentemente hace cosas que no tienen sentido para la mente humana.

Podemos razonar acerca de muchas cosas, pero debe haber un límite en nuestro razonamiento, un punto en el cual estemos satisfechos con creer simplemente algo porque Dios lo dijo, y no necesitamos nada más para convencernos. A menudo, medito o razono con respecto a algo hasta que comienzo a sentirme confusa, y esa es la señal que me muestra que he llegado demasiado lejos porque Dios no es el autor de la confusión, el diablo lo es (ver 1 Corintios 14:33).

Dios nos revela muchas cosas, y es maravilloso cuando lo hace, pero también hay secretos escondidos en Él que nunca entenderemos hasta que estemos en el cielo y conozcamos todas las cosas. Pablo escribe a los corintios que ahora vemos en parte, pero llegará el día en que conoceremos como somos conocidos; lo parcial pasará y llegará la perfección (ver 1 Corintios 13:9-10). Sin embargo, eso no sucederá mientras estemos aún en la tierra.

Deuteronomio 29:29 dice que las cosas secretas pertenecen a Dios y que las cosas reveladas nos pertenecen a nosotros. Debemos estar satisfechos con no conocer muchas cosas, y no permitir que lo "desconocido" afecte perjudicialmente nuestra fe. Somos privilegiados de tener una fe que va más allá del conocimiento. Podemos conocer la verdad en nuestro corazón, aunque nuestra mente diga que lo que creemos no tiene ningún sentido.

Pablo escribe: "Grande es el misterio de la piedad" (1 Timoteo

3:16). Personalmente, me emociona el misterio. Si lo conociéramos todo como Dios lo conoce, entonces no veo cómo Él podría ser nuestro Dios. La esencia misma de Dios indica que Él está por encima de nosotros en todos los aspectos. Debemos levantar la mirada a Él y respetar y admirar lo que no comprendemos sobre Él con nuestra mente finita. Creo que la vida sería bastante aburrida si supiéramos todo lo que va a suceder antes de que sucediera.

¿Cómo encaja esto en dejar que Dios pelee nuestras batallas? Depende parcialmente de si creemos o no lo que dice la Palabra de Dios incluso cuando la vida parezca no tener sentido. Si no podemos hacer eso, entonces terminamos peleando una batalla tras otra en nuestra propia mente y estando cada vez más confusos. Tener un problema doloroso es angustioso, pero estar confusos sobre el problema añade otra capa de dolor. Salmos 37:3 ofrece la respuesta de Dios a problemas que parecen injustos: "Confía en el Señor, y haz el bien". Este versículo promete que, aunque los malvados parezcan prosperar por un tiempo, llegará su fin y los justos heredarán la tierra. La fe nos invita a mirar más allá de lo que está sucediendo en este momento hacia el futuro glorioso que Dios nos ha prometido.

Razonamiento

No es sorprendente que cuando estamos sufriendo queramos encontrar razones para lo que nos ha sucedido. Pero buscar respuestas que probablemente no obtendremos hace que a menudo nuestro dolor sea aún más intenso.

Lo que yo hago, y sugiero a los demás, es pedir a Dios que me muestre cualquier cosa que me ayudará a entender; pero si no me llega nada, entonces confío en Dios lo suficiente como para no tener que saber por qué sucedió algo. Además, confío en que Él hará lo que ha prometido y sacará algo bueno de la tragedia (ver Romanos 8:28).

Incluso si Dios no nos da las respuestas que nos gustarían, nos consuela porque Él es el Dios de toda consolación (ver 2 Corintios 1:3).

Antes yo era el tipo de persona que no podía estar tranquila y sentirse segura hasta que pensara que tenía todo solucionado. Me preocupaba casi por todo lo que sentía que no podía controlar. Quería entender por qué sucedían las cosas y cuándo y cómo llegarían las respuestas. Estoy por siempre agradecida de que Dios haya renovado mi mente mediante el estudio de su Palabra y me haya enseñado a pensar pensamientos que son beneficiosos en lugar de inútiles.

Mi mente, como la suya, es capaz de encontrar razones que parecen tener sentido. Nuestras razones nos consuelan durante un periodo de tiempo, y a menudo hacen que nos sintamos en control de lo que nos está sucediendo, pero al final normalmente descubrimos que estábamos equivocados y sencillamente no lo sabíamos.

Es interesante que nos sintamos consolados si *pensamos* que tenemos la vida solucionada, aunque podamos estar equivocados sobre lo que pensamos. Ahí radica el peligro de ir más allá de la Palabra de Dios y encontrar consuelo en la filosofía humana. Puede que usted pregunte: "¿Cómo puedo saber alguna vez si lo que creo es verdad o engaño?". Podemos saber con certeza lo que es la verdad teniendo conocimiento de la Palabra de Dios. Pablo escribe sobre este mismo tema:

> Estoy maravillado de que tan pronto os hayáis alejado del que os llamó por la gracia de Cristo, para seguir un evangelio diferente. No que haya otro, sino que hay algunos que os perturban y quieren pervertir el evangelio de Cristo. Mas si aun nosotros, o un ángel del cielo, os anunciare otro evangelio diferente del que os hemos anunciado, sea anatema.
>
> Gálatas 1:6-8

Si el diablo no puede conseguir que usted no crea en Cristo, entonces estará de acuerdo con usted en que la fe en Dios está bien y es buena, pero que es necesario añadir algo a la simplicidad del evangelio. Él ha operado de este modo durante siglos. Por ejemplo, el diablo utilizó a ciertas personas para decirles a los creyentes gálatas que además del evangelio de la gracia también necesitaban la circuncisión (ver Gálatas 5:1-10). Les sugirió que seguramente Dios no perdonaría simplemente todos sus pecados porque creyeran en Jesús, sino que si añadían algunas de sus propias obras a lo que Dios había hecho, estarían haciendo lo correcto. Cuando esta enseñanza comenzó a tener sentido para sus mentes, Pablo los reprendió por haber abandonado tan rápidamente la verdad (ver Gálatas 3:1-6).

Consideremos este ejemplo: una mujer cristiana pierde a su esposo en un accidente y en su dolor busca respuestas, pero no encuentra ninguna. Una amiga en el trabajo le habla sobre una vidente que es asombrosa y sugiere que concierte una cita. Aunque la Biblia nos advierte claramente en contra de obtener consejo de tales personas (ver Levítico 19:26), la mujer sufriente consulta a la vidente. La vidente le da algunas razones con respecto a la muerte de su esposo que tienen sentido para su mente, e incluso llega tan lejos como para darle a la mujer un (supuesto) mensaje de su esposo fallecido. Ahora esta mujer puede sentirse consolada, pero está engañada. Si siente convicción de que lo que hizo estuvo mal, razona que Dios le ha consolado por medio de la vidente. Una vez más se siente consolada, pero está siendo cada vez más engañada con cada mentira que cree. Puede que comience a ver regularmente a esa vidente y descienda cada vez más profundo al engaño cada vez que lo hace. Solamente porque algo tiene sentido para nuestra mente no significa que sea bueno o que sea piadoso.

Nuestra vida sería mucho más dulce y más fácil si simplemente creyéramos lo que Dios dice, ya sea que tenga o no sentido para nuestra mente. Algunos de nosotros no tenemos ningún problema en hacer eso, pero las personas muy inteligentes podrían tenerlo. No estoy diciendo que ellas sin duda tendrán problemas, pero es un posible peligro al que estar atentos.

Si Dios le ha dado una mente excepcional, tenga cuidado para que eso no le haga sentirse orgulloso y, como dijo Pablo, "envanecido" (1 Corintios 13:4; Colosenses 2:18). Mientras mayores sean nuestros dones, más humildes deberíamos ser. Los oradores públicos dotados, los cantantes asombrosos, las personas muy inteligentes, y muchos otros individuos talentosos necesitan asegurarse de entender que sus dones son de Dios y no de ellos mismos. Sus habilidades no les hacen ser mejores que ninguna otra persona; simplemente les permiten hacer algo que debería hacerse para la gloria de Dios y por ninguna otra razón.

Los evolucionistas pueden decir que es imposible que Dios creara de la nada todo lo que vemos en el periodo de unos pocos días. Sin embargo, el creyente lee Hebreos 11:3, que dice: "Por la fe entendemos haber sido constituido el universo por la palabra de Dios, de modo que lo que se ve fue hecho de lo que no se veía". Para la persona que camina por fe, la evolución no tiene ningún sentido. ¿Cómo puede haber sucedido todo lo que vemos por accidente a lo largo de millones de años? Si la humanidad es un accidente, entonces no tenemos ningún valor. Pero si somos creados a imagen de Dios, como dice la Biblia en Génesis 1:27, entonces nuestra dignidad y valor están por encima de cualquier cosa que podamos imaginar.

Satanás utiliza la teoría de la evolución (y por favor recordemos que es una teoría) para robar el conocimiento de quiénes somos verdaderamente. Quiere que nos sintamos indignos y poco amados porque entonces puede controlarnos con sus mentiras.

Antes de que caigamos demasiado lejos en el razonamiento y

nos metamos en problemas, recordemos esta enseñanza poderosa de Proverbios:

> Fíate de Jehová de todo tu corazón, y no te apoyes en tu propia prudencia. Reconócelo en todos tus caminos, y él enderezará tus veredas. No seas sabio en tu propia opinión; teme a Jehová, y apártate del mal.
>
> Proverbios 3:5-7

No somos tan inteligentes como nos creemos

En lugar de simplemente afirmar: "No somos tan inteligentes como nos creemos", el escritor de Proverbios dice: "No seas sabio en tu propia opinión" (Proverbios 3:7). Sus palabras suenan más educadas, tan bonitas que podemos pasar por alto el punto, de modo que quiero ser clara: ¡no somos tan inteligentes como a veces pensamos que somos! No somos los únicos que siempre tenemos razón. No siempre somos quienes tienen la mejor respuesta. No lo tenemos todo solucionado en la vida, y si nos permitimos a nosotros mismos ser engañados y pensar de otro modo, Satanás ha tenido éxito en una de sus estrategias más astutas contra nosotros.

Eso no significa que debamos pensar que somos tontos o ignorantes, pero sí significa que cualquier cosa que se nos dé bien se debe solamente a la gracia de Dios. Oremos para que nuestra mente esté inundada continuamente de humildad, porque la humildad nos mantiene seguros. Quienes se humillan a sí mismos bajo la mano de Dios serán exaltados a su debido tiempo (ver 1 Pedro 5:6). Dios puede usar de maneras poderosas a quienes no tienen un concepto de sí mismos más alto del que deberían.

El orgullo causó la caída de Satanás (ver Isaías 14:13-14), y causará también las nuestra si permitimos que se cuele en nuestro pensamiento. El orgullo hace que nos exaltemos a nosotros mismos y menospreciemos a otros, y causa que devaluemos a personas que Jesús considera lo bastante valiosas para morir por ellas. El orgullo distorsiona nuestro pensamiento hasta el punto en que realmente podemos intentar dar consejos a Dios, como hizo Pedro cuando aconsejó a Jesús que no fuera a Jerusalén para ser muerto (ver Mateo 16:21-23).

Si creemos las filosofías y los vanos engaños del diablo, estaremos peleando una batalla toda nuestra vida. Pero si creemos la Palabra de Dios, ¡Él peleará nuestras batallas!

Pablo dijo que la cruz es necedad para quienes no creen, pero para quienes son salvos es poder de Dios (ver 1 Corintios 1:18). Después citó el Antiguo Testamento diciendo: "Destruiré la sabiduría de los sabios, y desecharé el entendimiento de los entendidos". Pablo prosigue a establecer varias afirmaciones que voy a parafrasear: dice que Dios ha hecho necia la sabiduría del mundo, porque el mundo no pudo conocer a Dios mediante su sabiduría, pero agradó a Dios salvar a quienes creen mediante la locura de la predicación (ver 1 Corintios 1:20-21).

Es verdaderamente asombroso lo que sucede en los corazones de algunas personas cuando se predica el evangelio. Es como si una luz entrara en su interior, y creen. Las palabras (Palabra de Dios) se convierten en una realidad en sus corazones, y entregan sus vidas alegremente a Jesús y reciben en ellos la vida de Él. Ninguna sabiduría humana puede hacer eso por una persona. Dios deja perplejos aún más a quienes piensan que son sabios en este mundo utilizando como sus instrumentos a personas a quienes el mundo considera débiles y necias, obrando a través de ellas y avergonzando así a los sabios de este mundo. Él lo hace para que las personas no puedan enorgullecerse de sí mismas (ver 1 Corintios 1:21-31). Cristo es nuestra sabiduría de Dios, y mientras lo sigamos a Él seremos hombres y mujeres sabios.

CAPÍTULO 19

Romper el plan de Satanás

Como ciudad derribada y sin muro es el hombre cuyo espíritu no tiene rienda.

Proverbios 25:28

Satanás está llevando a cabo un plan contra nosotros, pero no tenemos que preocuparnos, porque tenemos el poder en Cristo para romper cualquier trama. Jesús dijo que el ladrón (Satanás) viene con un propósito: robar, matar y destruir (Juan 10:10). Ya sea que quiera robar nuestros sueños para nuestra vida, nuestra confianza, nuestra relación con Dios, nuestras amistades, nuestro gozo o nuestra paz, ¡él es un ladrón!

Aquel que está en nosotros es mayor que el diablo que está en el mundo (1 Juan 4:4); por lo tanto, no tenemos que tener miedo de nada de lo que él pueda haber planeado para hacernos daño. Dios está por nosotros, de modo que nada que el diablo o cualquier otra persona intente hacer para dañarnos resultará finalmente ser exitoso si seguimos confiando en Dios y obedeciéndolo.

Hemos visto algunas maneras en que podemos colaborar con el Espíritu Santo para evitar que Satanás obtenga entrada en nuestra vida, como orar, ponernos muestra armadura espiritual, utilizar nuestras armas, negarnos a estar enojados y ser rápidos en perdonar. Pero hay otra importante manera que aún no hemos explorado: el dominio propio y la disciplina.

Primera de Pedro 5:8 nos enseña que seamos equilibrados y autodisciplinados porque nuestro adversario, el diablo, anda alrededor como león rugiente, buscando a quien devorar.

Vivir una vida equilibrada es imposible sin dominio propio y la capacidad de disciplinar nuestros pensamientos, emociones y decisiones. También requiere un examen regular de nuestras vidas y pedir a Dios que revele cualquier área que pueda estar desequilibrada. Si Él lo hace, es necesario que emprendamos la acción para corregir cualquier exceso.

Mencioné la necesidad de estar equilibrados en el capítulo 7, pero ahora me gustaría hablar de ello con más detalle. Para estar equilibrada, una persona nunca debe ser radical en ninguna área, sino esforzarse por mantener el equilibrio correcto en todas las áreas de la vida. Tal como afirmé, esto requiere diligencia y abundancia de dominio propio y autodisciplina. Personas me han preguntado con frecuencia cómo mantengo correctas mis prioridades, considerando todo lo que estoy haciendo. Finalmente encontré la respuesta perfecta, y es que siempre las estoy reajustando. Al igual que cualquiera, a veces descubro que estoy haciendo demasiado de una cosa y no suficiente de otra; por lo tanto, hago un cambio para mejor, y poco después reconozco que ese mismo problema ha vuelto a apoderarse de mí en algún área diferente a la de antes. Satanás es implacable para encontrar nuevas maneras de obtener acceso a nuestra vida, y exponer eso es una de las razones por las que escribí este libro.

La mayoría de personas gimen cuando anuncio que voy a enseñar sobre el tema de la disciplina, pero sin ella nunca llegaremos a ser quienes queremos ser verdaderamente o hacer las cosas que queremos hacer. Satanás tiene una tarea, y parte de ella es evitar que cumplamos nuestro destino o disfrutemos de cualquier área de nuestra vida. Debemos ser firmes y determinados. Claro que Dios peleará nuestras batallas, pero también debemos hacer nuestra parte, la cual incluye vivir una vida equilibrada y disciplinada.

Libre albedrío

Dios nos ha dado libre albedrío. Él no nos controlará o nos obligará a hacer lo correcto. Nos guiará, conducirá, instará y alentará, pero nunca nos obligará. Dios quiere que utilicemos nuestro libre albedrío para escoger su voluntad, pero que lo hagamos o no es decisión nuestra. El dominio propio es un fruto del Espíritu (ver Gálatas 5:22-23), pero como todo buen fruto que viene con el nuevo nacimiento en Cristo, debe ser desarrollado. Mientras más lo usamos, más fuerte se vuelve. Todos utilizamos el dominio propio hasta cierto grado, pues de otro modo no lograríamos nada, pero mientras más lo utilicemos, más lograremos.

Somos seres complejos con una mente que piensa, emociones que sienten y voluntades que quieren. También tenemos cuerpos que se cansan, son perezosos y tienen hambre. No siempre cooperan de buena gana con lo que queremos hacer, de modo que tenemos que utilizar la disciplina y el dominio propio que Dios nos ha dado. Las personas que siempre hacen lo que tienen ganas de hacer caen directamente en las manos del diablo, y si continúan así, sus vidas no llegarán a nada. Nuestros sentimientos son un factor impulsor en nuestra vida, y con frecuencia somos tentados a permitir que nos gobiernen, pero no debemos permitirlo. Satanás usa nuestros sentimientos contra nosotros haciéndonos pensar que debemos tener ganas de hacer algo a fin de hacerlo, pero eso es incorrecto. Aprendemos a vivir por principios en lugar de vivir por nuestros sentimientos. Deberíamos establecer metas piadosas para nuestra vida y disciplinarnos para seguirlas. No podemos seguir cada pensamiento que tenemos, porque muchos de nuestros pensamientos los deja caer el diablo en nuestra mente y nos conducirían por sendas de destrucción, de modo que también debemos disciplinar nuestros pensamientos y controlarlos.

Le aliento a que ore para que Dios le muestre cuando sus pensamientos van por la dirección equivocada para así poder decidir pensar en algo bueno que produzca vida en lugar de angustia. Varias veces al día puede que descubra que su mente vaga hacia áreas que no dará un buen fruto, o incluso pueden conducirle al pecado, pero esto no es un problema mientras los reconozca como el intento del diablo de conseguir que vaya usted por una dirección equivocada. Entonces puede decir simplemente: "¡No, no pensaré de esta manera!".

Cada área de la vida requiere el uso de la disciplina y el dominio propio para poder mantenerse balanceada. En cualquier momento dado podemos desbalancearnos en alguna área simplemente porque no estamos prestando atención a ella. Es muy fácil comer un poco más gradualmente y después cada vez más; y de repente nos damos cuenta de que hemos subido de peso. La razón es que no hemos estado alertas y aplicando el dominio propio cuando era necesario. Es importante aprender que nuestro cuerpo deseará cada vez más de cualquier cosa que le demos regularmente. Si comienzo a comer un dulce de una caja de chocolates cada noche después de la cena, al principio solamente uno me saciará, pero poco después mi cuerpo querrá dos y después tres, y si cedo a sus demandas, pronto tendré un problema. Subiré de peso, comeré demasiado azúcar, y quizá me sienta mal debido al exceso.

La carne es avariciosa y no puede quedar satisfecha con algo por mucho tiempo. ¡Siempre queremos más! Sin importar lo que posea una persona, solamente podrá satisfacerle temporalmente, y después deseará algo nuevo para que le emocione. Podemos ver fácilmente por qué tenemos que usar el dominio propio y no depender de nuestros sentimientos para que nos conduzcan por la dirección correcta.

Debemos resistir al diablo al inicio (ver 1 Pedro 5:8-9) y no seguir postergando hacer ajustes en áreas que están desbalanceadas en nuestra vida; mientras más tiempo permitamos que sigan los problemas, más difícil será ser libres de ellos. Las personas piensan que vivir una vida disciplinada significa que nunca podrán hacer nada que quieran hacer, y lo cierto es que nuestra carne no conseguirá hacer lo que quiere hacer, pero nuestro espíritu será feliz y libre.

Si piensa que hacer cualquier cosa que quiera hacer en cualquier momento que quiera es libertad, solamente mire las vidas de personas que están haciendo eso, y verá desgracia y destrucción. Quizá no al principio, pero finalmente comenzarán a aparecer los problemas. El apóstol Pablo escribió que él era libre para hacer todo lo que quisiera hacer, pero que no todas las cosas eran oportunas o lo mejor que podía hacer, de modo que se disciplinaba a sí mismo y escogía las cosas mejores (ver 1 Corintios 9:27; 10:23). La verdadera libertad no consiste en hacer todo lo que queramos, sino en tener la disciplina de hacer lo que deberíamos hacer.

Dios nos ha dado libre albedrío y dominio propio. Entender que no se nos ha asignado simplemente un destino que se cumplirá a pesar de lo que suceda es realmente emocionante. Tenemos opciones en cuanto a lo que haremos con nuestra vida, y si tomamos las decisiones correctas podemos vivir una vida asombrosamente maravillosa.

Nuestro deseo de controlar

No podemos controlar a Dios, no podemos controlar todas nuestras circunstancias, y no deberíamos intentar controlar a otras personas. Pero podemos y deberíamos controlarnos a nosotros mismos. ¡Tenemos dominio propio!

Deje de intentar hacer lo que nunca podrá hacer, y comience a hacer lo que puede hacer. Piense en cuánto menos estrés sentiría si dejara de intentar controlar cosas que no puede controlar y aprendiera en cambio a controlarse a sí mismo.

Usted no puede hacer que personas que le importan se enamoren de Jesús simplemente porque usted lo ama. Puede orar y ser un buen ejemplo para ellos, pero no puede obligarlos. Josué le dijo al pueblo que deberían escoger por sí mismos a quién iban a servir, y que él y su casa servirían al Señor (ver Josué 24:15). No puede usted obligar a ser más agresivas a personas que han nacido con una personalidad tranquila y reposada. No puede obligar a sus hijos a que cumplan los sueños no cumplidos que usted tenía, sino que debe ayudarlos a ser quienes Dios los ha diseñado. No puede controlar a las personas, tiene que darles libertad de elección. Eso es lo que Dios hace por nosotros.

En Deuteronomio 30:19 Él dice: "A los cielos y a la tierra llamo por testigos hoy contra vosotros, que os he puesto delante la vida y la muerte, la bendición y la maldición; escoge, pues, la vida, para que vivas tú y tu descendencia".

Cuando nuestros hijos son muy pequeños, nosotros tomamos decisiones por ellos, pero a medida que crecen debemos soltar gradualmente parte de ese control y ayudarles a aprender a tomar buenas decisiones según la voluntad de Dios, no según nuestra propia voluntad o su propia voluntad.

La razón principal por la cual intentamos controlar circunstancias y personas es que somos egoístas y tenemos temor a no conseguir lo que queremos. Quizá también somos controladores porque hemos sido heridos o tratados injustamente en el pasado y meramente intentamos protegernos. En cualquiera de los casos, necesitamos dejar de intentar controlar cosas que no nos corresponde controlar, y confiar en que Dios haga lo que es correcto para nosotros.

Practicar el dominio propio

Como he afirmado, lo que Dios quiere que controlemos es a nosotros mismos. Esta es la única manera de mantener una vida balanceada y evitar que el diablo se aproveche de nosotros. No estoy segura de que muchas personas pensarían que estar desbalanceado es una manera en que el diablo obtiene entrada en nuestra vida, pero lo es.

Pensemos sobre la importancia del dominio propio en varios aspectos de nuestra vida cotidiana. Usted sabe que el enemigo ataca su vida espiritual, sus pensamientos e incluso sus relaciones, pero no limita sus ataques a esas áreas. Le acosará de cualquier manera posible, incluidas cosas prácticas como sus palabras, sus finanzas, su tiempo y su apetito. Ejercitar dominio propio en estos aspectos de su vida ayudará a derrotarlo.

Palabras

¿Habla usted demasiado? Muchos responderían sí a esa pregunta, pero hay otra manera en que podemos estar desbalanceados con respecto a nuestras palabras, y es que quizá hablamos demasiado poco. Aunque el silencio se prefiere por encima de hablar en exceso, algunas personas son tan calladas que hacen que otros se sientan incómodos. Algunas personas tal vez necesiten disciplinarse para escuchar más y hablar menos, pero otras necesitan disciplinarse para hablar un poco más. Algunas personas no dirán nada incluso cuando necesiten hacerlo. Permiten que otros se aprovechen de ellas porque no les gusta confrontar a personas que se comportan mal. Si el Espíritu Santo nos guía a confrontar a alguien con una actitud de amor y nos negamos porque nos sentimos incómodos haciéndolo, somos tan culpables como quienes confrontan a todo aquel con quien no están de acuerdo incluso cuando el Espíritu Santo les guía a quedarse callados.

Hubo una vez en la que permití que un hombre para el que trabajaba controlara mi tiempo, y yo no decía nada al respecto. A pesar de lo que yo tuviera planeado, si él decidía convocar una reunión o tener una cena de personal, esperaba que yo lo dejara todo e hiciera lo que él quería. Mostraba otras conductas parecidas, y cuando finalmente dejé ese empleo, sintiéndome amargada porque él me había controlado, Dios habló a mi corazón y me dijo que aunque ese hombre estaba equivocado al controlar a personas y ser desconsiderado, yo era igualmente culpable por haberle permitido hacerlo. Debería haber hablado, pero me mantuve callada por temor a perder el empleo. Hay un tiempo para estar callado y un tiempo para hablar, y la persona balanceada conoce la diferencia.

Finanzas

¿Qué de las finanzas? ¿Gasta demasiado y compra objetos o cosas innecesarias que le hacen meterse en deudas y finalmente le presionan? Si es así, entonces necesita disciplinarse para gastar menos y utilizar la prudencia a la hora de administrar los recursos que Dios le ha dado. Por otro lado, hay algunas personas que no gastan bastante dinero. Están tan enfocadas en ahorrar para el futuro que nunca disfrutan del presente. Son lo que otros denominan agarrados. Un hombre dijo de otro: "Ese hombre es más agarrado que la corteza de un árbol". El hombre se había criado en la pobreza y había permitido que el diablo le hiciera tener miedo a no tener suficiente, y en el proceso sacrificó algunas cosas legítimas que Dios quería que él y su familia disfrutaran.

Las personas que se niegan a hacer nada para sí mismas terminan con frecuencia sintiéndose privadas, aunque ellas mismas son las responsables de eso. Si estas personas tienen familia, los familiares generalmente resienten la actitud rígida con respecto al gasto. Deberíamos ser balanceados, y un buen plan es ahorrar un poco, dar un poco, y gastar parte de nuestros ingresos. Este plan, si se sigue, le mantendrá fuera de los problemas con las finanzas, y también le permitirá disfrutar del fruto de su trabajo.

Tiempo

Otra área a cuidar es el tiempo. No deberíamos desperdiciar nuestro tiempo, pero tampoco deberíamos sentir que debemos ser constantemente productivos. Necesitamos trabajo, descanso, diversión y adoración. Yo tengo tendencia a trabajar demasiado, y eso me ha causado problemas físicos en el pasado. Cualquiera que trabaje demasiado terminará con estrés, y el estrés crónico puede causar infinidad de problemas de salud y también problemas en otras áreas de nuestra vida. Yo tengo que estar muy atenta a la guía del Espíritu Santo en esta área, y regularmente me encuentro haciendo ajustes para mantenerme balanceada. Sin embargo, conozco a otras personas que son básicamente perezosas o pasivas, y desperdician la mayor parte de su tiempo y hacen muy poco con los dones y las oportunidades que Dios les ha dado. También necesitan disciplinarse a sí mismas.

Apetito

Una última área que mencionaré es el apetito. Multitudes de personas en las culturas occidentales, especialmente, no solo tienen sobrepeso, sino que los tipos de alimentos que deciden comer son poco sanos. Nuestro cuerpo es templo del Espíritu Santo (ver 1 Corintios 6:19), y como tal deberíamos disciplinarlo para ser una casa saludable en la que Él pueda habitar. No todo el mundo será delgado, al igual que no todo el mundo será alto, pero deberíamos mantener equilibrio con respecto a la comida, y comer y disfrutar de lo que necesitamos sin comer en exceso. No lo digo para condenar a personas que pesan más de lo que deberían, pero le aliento a valorarse a usted mismo lo suficiente para estar lo más saludable que pueda.

La comida es una gran tentación para muchas personas, y es comprensible. Sabe bien y parece estar delante de nosotros casi en todos los lugares donde vamos. En lugar de enfocarnos en perder peso o hacer una dieta, yo aliento a las personas en que se enfoquen en estar sanas. Creo que a medida que escoja alimentos saludables en las proporciones correctas, finalmente pesará lo que es adecuado para su tipo corporal y su metabolismo.

Podría hablar sobre muchas áreas de la vida cuando se trata del tema del dominio propio porque cada área de la vida necesita estar disciplinada y controlada, o quedará desbalanceada y le dará al diablo una oportunidad. La disciplina es nuestro amigo, no nuestro enemigo, y nos mantendrá balanceados y nos ayudará a vivir la vida que verdaderamente queremos vivir.

Solamente piense en las áreas que mencioné y cuán desgraciadas pueden ser las personas si no disciplinan sus pensamientos, su conversación, su gasto, el uso de su tiempo y su apetito. La incomodidad de la disciplina palidece en comparación con la incomodidad final de ser poco disciplinado. Supongo que podríamos decir: "Escoja su dolor: soporte el dolor temporal de la disciplina y el dominio propio, o soporte el dolor y la desgracia interminables de la culpabilidad, la enfermedad, el estrés, la deuda, y el desperdicio de su tiempo".

Yo creo que Dios nos ha dado dominio propio como un regalo para ayudarnos a vivir vidas equilibradas, y le insto a que valore el regalo.

CAPÍTULO 20

Descanso interior

Llevad mi yugo sobre vosotros, y aprended de mí, que soy
manso y humilde de corazón; y hallaréis descanso para
vuestras almas.

Mateo 11:29

En diciembre de 2017, me puse muy enferma de repente. Mi boca estaba muy reseca y tenía la presión arterial alta. Me sentía temblorosa, me faltaba el aliento y perdí el apetito. Desde luego, visité a mi médico, quien no encontró ningún problema aparente, de modo que visité a otros dos médicos especializados en ciertas áreas, y ellos tampoco encontraron ningún problema. Yo estaba comprensiblemente frustrada, porque me sentía realmente mal y estaba perdiendo peso rápidamente. Le pedí a un médico, que también es ministro y amigo, que me ingresara algunos días en el hospital y me hiciera todos los análisis necesarios para descubrir qué iba mal. Cuando me dieron los resultados de los análisis donde todo indicaba que yo estaba muy sana, y los profesionales de la medicina dijeron que nunca habían visto sangre que trabajara tan bien como la mía para mi edad, yo pregunté: "Bueno, ¿y qué me pasa?".

Me dijeron que tenía fatiga suprarrenal y estrés crónico por trabajar demasiado durante mucho tiempo, y que necesitaba descanso a largo plazo y cambios en mi estilo de vida. Los médicos hicieron hincapié en que tenía que aprender a descansar interiormente. En otras palabras, tenía que permitir que mi mente y emociones estuvieran en reposo, no solo mi cuerpo físico.

Mi primera pregunta fue: "¿Qué hago mientras descanso?". Esta pregunta muestra por qué yo tenía un problema, pero he descubierto que muchas personas están en situaciones parecidas. A lo largo de los dos años que han pasado desde ese diagnóstico, he aprendido a organizar mejor mi vida, a aceptar el hecho de que no siempre puedo hacer lo que he hecho siempre, y he llegado a entender que debo estar dispuesta a hacer cambios.

> ¿Qué hago mientras descanso?

Es bastante fácil ajustar nuestros horarios para permitirnos a nosotros mismos tener más descanso físico, pero podemos estar tumbados en la playa al sol todo el día y seguir sin descansar, porque no estamos reposando nuestra alma. Podemos estar en la cama y seguir preocupados, intentando llegar a soluciones a problemas o esforzándonos por arreglar situaciones que ni siquiera son nuestras responsabilidades.

Gran parte de cómo manejamos nuestra vida interiormente queda determinado inicialmente por nuestro temperamento, pero podemos y debemos aprender a tener un equilibrio. Al tener una personalidad colérica, tipo A, tengo tendencia a estar muy ocupada en mi interior. Pero por fortuna, Dios me ha mostrado muchas cosas desde diciembre de 2017 y me va bien en este punto en mi vida. Soy capaz de cumplir con todas mis responsabilidades, pero las llevo a cabo mientras descanso interiormente. Confío más en Dios y dependo menos de mí misma.

Cuando he compartido mi historia con otros, casi sin excepción personas que tienen temperamentos similares al mío me han hecho la misma pregunta que yo hice al médico: "¿Cómo descansa usted?". El tipo de descanso que Jesús nos ofrece no es descanso *del* trabajo sino descanso *en* el trabajo. No es una invitación a tumbarnos en el sofá todo el día sin hacer nada; es una invitación a lograr mucho, pero hacerlo en paz.

Mientras más podemos desarrollar y mantener el tipo de descanso que Jesús nos ofrece, más fácil se vuelve la vida y más liberamos a Dios para que pelee nuestras batallas por nosotros en lugar de tener siempre la sensación de estar peleando personalmente contra algo.

El diablo hace todo lo que puede para evitar que entendamos el reposo verdadero del Sabbath y entremos en él. Hebreos 4 nos enseña que aún permanece la promesa de entrar en el reposo de Dios (v. 9), y que aquellos que creen pueden entrar en él. La Escritura nos alienta a *procurar* "entrar en aquel reposo" (Hebreos 4:11), y cuando lo hacemos, cesamos de nuestras obras de la carne (ver Hebreos 4:10).

"Procurar entrar" indica que quizá tengamos que aprender algunas lecciones nuevas, cambiar algunos de nuestros caminos, y hacer un esfuerzo por hacer las cosas de modo diferente. Yo aún tengo mucho que aprender sobre esto, pero quiero compartir parte de lo que he aprendido sobre descansar interiormente. Espero que le ayudará a medida que usted avanza, aprendiendo cómo permitir que Dios pelee sus batallas porque son de Él.

Preocupación

He escrito sobre la preocupación en anteriores capítulos, pero quiero hablar más de ello ahora. La preocupación es inútil, pero la mayoría de nosotros seguimos haciéndolo, especialmente en ciertas áreas, hasta que finalmente entendemos que mientras más nos preocupamos, más demoramos la ayuda que Dios quiere darnos. Si creemos verdaderamente que nuestras batallas son del Señor, entonces debemos mantenernos en paz. Le insto a que preste más atención a lo que sucede en su interior. Sus pensamientos y sentimientos privados acerca de lo que está sucediendo en su vida en cualquier momento dado pueden causar estrés y robarle la paz. Con frecuencia pasamos horas preocupándonos, dando vueltas y vueltas a los problemas en nuestra mente, buscando respuestas sin ni siquiera darnos cuenta de que lo estamos haciendo. Si siente que los músculos del cuello y los hombros se tensan, o si comienza a dolerle el estómago, lo primero que ha de hacer es considerar en lo que ha estado pensando.

La preocupación produce síntomas físicos que pueden ser una bendición porque nos alertan del hecho de que nos estamos preocupando. Entonces podemos pedir a Dios que nos ayude y podemos decidir echar nuestro afán sobre Él (ver 1 Pedro 5:7). No olvide que Dios les dijo a los israelitas que estuvieran tranquilos y Él pelearía por ellos (ver Éxodo 14:13-14).

Algo que debemos hacer para no preocuparnos es aprender a manejar nuestra vida como es y no como nos gustaría que fuera. El mismo enfoque se aplica a las personas que hay en nuestra vida. Debemos aprender a amarlas tal como son, y no como nos gustaría que fueran. Algunos de los escritores de los siglos XVI y XVII escribieron sobre "aceptación con gozo", refiriéndose a que, si una situación no iba a cambiar, aprendieran a aceptarla y mantenerse gozosos. Hacer eso no significa que nada cambiará jamán, pero sí significa que durante el tiempo presente confiamos en la voluntad de Dios y su momento en cada situación. Simplemente no podemos basar nuestro gozo y paz en nuestras circunstancias. Si lo hacemos, el diablo puede manipularlas continuamente, causando que estemos afligidos la mayor parte del tiempo. Cualquier cosa que pueda estar sucediendo en un momento dado pasará, y hasta que eso suceda podemos decidir disfrutar de nuestra vida y mantener la paz.

Pablo escribió a los corintios que su deseo era que fueran libres de todo afán preocupante, lo cual requería que aprendieran a manejar la vida tal como era (ver 1 Corintios 7:27-35).

Mostramos humildad al echar sobre Dios nuestro afán. Cuando nos negamos a preocuparnos, estamos diciendo en esencia: "Sé que no puedo resolver este problema, pero confío en que Dios puede hacerlo". Entonces Él comienza a obrar en favor nuestro, y experimentamos los beneficios de permitir que Él pelee nuestras batallas por nosotros.

Dave dice siempre: "Haz tu responsabilidad; echa tu afán". Creo que por eso Pablo nos enseña a hacer todo lo que demande la crisis, y entonces mantenernos firmemente en nuestro lugar (ver Efesios 6:13). No podemos hacer

> *Haz tu responsabilidad; echa tu afán.*

nada más de lo que podemos hacer, y cuando intentamos ir más allá de ese punto nos frustramos y perdemos la paz.

Pregúntese ahora mismo si hay algo que pueda hacer con respecto a cualquier situación en su vida que le resulte frustrante. Si la respuesta es: "No, no puedo", entonces suelte su afán, mantenga el gozo, y permita que Dios haga lo que usted no puede hacer.

Por naturaleza, tengo tendencia a preocuparme porque soy alguien que quiere "arreglar" todo. Quiero solucionar los problemas. Nada me resulta más frustrante que un problema que yo no pueda solucionar, de modo que he tenido que aprender a tomar el mismo consejo que le estoy ofreciendo a usted.

Falsa sensación de responsabilidad

Muchas personas viven con una sensación de responsabilidad falsa, o demasiado activa. Se sienten responsables de cosas de las cuales no son responsables; de hecho, solucionar continuamente cosas para otras personas puede que sirvan de obstáculo a la hora de aprender a manejar sus propios problemas. La tendencia hacia la falsa responsabilidad es en parte un rasgo temperamental, pero aun así hay que abordarla.

Yo soy una persona muy responsable. Si me dan una tarea que hacer se hará, pero a menudo me salgo de mi propio carril y me hago responsable de los problemas de otras personas cuando debería estar guardando mi energía y espacio mental para mis propias situaciones.

Recientemente aprendí esto de modo bastante bonito y divertido, pero sí me enseñó los límites hasta los que llego para encontrar situaciones ridículas por las que preocuparme. Estaba en el salón de manicura mientras me hacían las uñas y entraron dos mujeres juntas, las dos queriendo una pedicura. En ese momento, había disponible solo un técnico, y él llevó a las mujeres a los sillones de pedicura e hizo que metieran sus pies en agua tibia. Procedió a trabajar con una de ellas, pero nunca le dijo nada a la otra señora sobre cuándo habría alguien disponible para trabajar con ella, de modo que me preocupé por ella. Yo soy una comunicadora, y el hecho de que nadie se comunicara con ella me molestaba.

Entonces entraron tres personas más al salón y les dijeron que se apuntaran y tomaran asiento. No les informaron de cuánto tiempo tendrían que esperar, así que yo me preocupé por ellas. Me encontré mirando por todo el salón a los trabajadores, intentando determinar en cuánto tiempo habría técnicos disponibles para las clientas que esperaban. De repente me di cuenta de lo que estaba haciendo, y casi daba risa. Esta situación, la cual yo permití, me causó diez minutos de estrés interior por una situación que no era asunto mío ni tampoco era mi responsabilidad.

El incidente en el salón de manicura me ha ayudado a aprender a mantenerme en mi propio carril, y espero que a usted también le ayudará. Ya sea que esté tomando responsabilidad por hijos adultos, amigos, o personas a las que ni siquiera conoce, le recomiendo que reconsidere lo que le puede estar haciendo el estrés del exceso de responsabilidad a la vez que no produce ningún resultado positivo.

Igual que yo me encontré intentando interiormente dirigir el salón de manicura con más eficacia, quizá usted intenta hacer algo que no solo le resulta frustrante, sino también evita que haga lo que debería hacer.

Cualquier cosa que Dios quiera que hagamos funcionará, y podemos hacerlo en paz. Cuando ese buen fruto de la paz no está presente, probablemente estamos intentando hacer algo que no nos corresponde hacer.

Ansiedad

Cuando estamos ansiosos, utilizamos el tiempo que Dios nos ha dado hoy para intentar arreglar o resolver algo que está en el pasado o en el futuro. Lo único que podemos hacer con el pasado, especialmente con respecto a errores que hayamos cometido, es arrepentirnos, hacer restitución cuando sea posible, aprender de los errores y después soltarlos y seguir adelante con nuestra vida.

No hay razón alguna para estar ansiosos por el futuro, porque aún no ha llegado y no tenemos ninguna garantía de que llegará. Por eso, la Palabra de Dios nos enseña que cada día tiene sus propios problemas y no deberíamos preocuparnos por el mañana (ver Mateo 6:34). Quizá necesitamos hacer ciertos planes y preparativos para el futuro, pero estar ansiosos por eso es inútil.

Yo he perdido una gran cantidad de mi vida al gastar el día presente viviendo en el pasado o en el futuro. Ahora no hago eso, pero lo hice por muchos años, y es mi oración que usted no haga lo que yo hacía. Aunque hay muchas cosas que me gustaría haber hecho de modo distinto, no puedo regresar y rehacerlas, así que me niego a perder un día más estando ansiosa y preocupada por ellas. Dios puede pelear las batallas de nuestros errores del pasado y realmente hacer que obren para nuestro bien si se los entregamos a Él.

> Dios puede pelear las batallas de nuestros errores del pasado y realmente hacer que obren para nuestro bien.

Creo que Dios tiene un buen futuro planeado para todos nosotros, y deberíamos mirarlo con anticipación y gozo, no con temor y ansiedad. Todas las tormentas no están en las previsiones meteorológicas. Llegarán tormentas que no esperamos y que puede que no queramos en nuestra vida, pero la gracia de Dios es suficiente para ayudarnos a enfrentarlas.

Recientemente hablé con una mujer cristiana que me dijo que habían amputado una pierna a su hijo de catorce años debido a un cáncer de huesos. Su actitud era gozosa, y no podría haber sido mejor. Dijo que esperaba que Dios usara esa circunstancia en la vida de su hijo para hacer de él un mejor hombre y ayudar a otros.

Ella y su hijo enfrentaron un problema inesperado y no deseado, pero escogieron una actitud que glorificó a Dios y le dio lugar para pelear su batalla. Podemos recordar que nuestras batallas son del Señor y permitir que Él las pelee, o podemos pelearlas nosotros mismos. Si queremos ganarlas, necesitamos entregar a Dios nuestras preocupaciones, nuestras ansiedades y otras emociones frustrantes y aferrarnos a nuestra paz mientras esperamos la victoria.

Confiar en Dios y disfrutar cada día

Ninguno de nosotros sabe cuánto tiempo de vida le queda. Confiamos en que Dios nos dará una vida larga y saludable, pero cuánto tiempo vivamos es en última instancia decisión de Él. Quizá hacemos cosas necias que acortan nuestra vida, pero solamente Dios puede alargarla. A pesar de cuánto tiempo tengamos, deberíamos maximizarlo disfrutándolo, aferrándonos a nuestra paz, y siendo más que vencedores mediante una relación personal con Jesús. Esto solo sucede cuando aprendemos a hacer lo que podemos hacer y confiamos en que Dios haga lo que nosotros no podemos hacer.

Dios quiere pelear y peleará nuestras batallas por nosotros. Sin Él, de todos modos no las ganaremos, pero tenemos que entregárselas si queremos la victoria que solamente Él puede dar. Es mi oración que usted reciba su gracia que le capacite para hacer justamente eso y así sea libre para disfrutar cada momento de cada día.

CAPÍTULO 21

Protéjase de Satanás, el ladrón

El ladrón no viene sino para hurtar y matar y destruir; yo he venido para que tengan vida, y para que la tengan en abundancia.

Juan 10:10

La Biblia se refiere a Satanás como un ladrón, y lo principal que él quiere robar o evitar es nuestra relación con Dios por medio de Cristo. No le importa si seguimos alguna forma de religión, porque eso normalmente se reduce solamente a una lista de reglas y regulaciones que intentamos seguir, pensando que nos situará en una buena posición ante Dios. Jesús no murió por nosotros para que pudiéramos tener alguna marca de religión, y hay una gran variedad entre las que escoger; Él murió para que pudiéramos tener una relación íntima y personal con Dios por medio de Él.

Cuando pregunto a personas si son cristianas y responden diciéndome qué religión siguen, eso me preocupa. A pesar de qué religión tengamos, no nos salva; solamente la fe verdadera en Jesús hace eso.

Cuando algunos de los discípulos preguntaron qué tenían que hacer para poner en práctica las obras de Dios, o para agradarlo, Jesús respondió: "Esta es la obra de Dios, que creáis en el que él ha enviado" (Juan 6:29). Creer que este es el único requisito es difícil para nosotros. Pensamos que seguramente debemos añadir buenas obras para estar seguros de ser aceptados.

Hemos de hacer buenas obras, pero no las hacemos para ganarnos la aceptación o el amor de Dios. Las hacemos porque en su gracia y misericordia, Él nos ha dado aceptación como un regalo incondicional. Nuestra obediencia

> *Nuestra obediencia debería ser una respuesta a la bondad de Dios, y no un esfuerzo para obtener nada de Él.*

debería ser una respuesta a la bondad de Dios, y no un esfuerzo para obtener nada de Él.

Satanás se deleita en engañar a las personas en esta área. Al hacerlo, él puede convertir a las personas en legalistas: personas que trabajan duro para cumplir cada regla, asegurarse de que leen cierta cantidad de texto de la Biblia cada día, orar durante periodos concretos de tiempo y hacer buenas obras, pero tristemente, lo hacen con la motivación equivocada.

El legalismo conduce a una vida de lucha

Las obras de la carne producen lucha. Son nuestro esfuerzo humano que intenta hacer la tarea de Dios. Nuestras obras no pueden justificarnos, porque Jesús ya ha hecho eso mediante su sacrificio en la cruz.

Recuerdo la agonía de mis luchas en los primeros años de mi caminar con Dios. Yo amaba verdaderamente al Señor, pero Satanás me había engañado mediante las mentiras que me decía sobre mi obligación como cristiana. Yo pensaba, como piensan millones de otras personas, que la asistencia regular a la iglesia, leer la Biblia un poco cada día y decir ciertas oraciones, junto con confesar mis pecados, resumía lo que yo tenía que hacer. También creía que necesitaba hacer buenas obras, así que me uní al equipo evangelístico de nuestra iglesia. Pero Dios no me había dado la gracia para el evangelismo puerta a puerta, de modo que cada semana lo temía.

Me sentía culpable todo el tiempo, porque el diablo se aseguraba de que yo fuera plenamente consciente de cualquier error mínimo que cometía. Él es el maestro legalista, de modo que llevaba enseguida a mi atención cualquier infracción de las reglas. Aunque yo lo confesaba y pedía perdón, seguía sintiéndome culpable. Satanás es el acusador, y se mantiene ocupado acusándonos de cosas que hemos hecho mal o de cosas que nos faltan. Jesús quiere que tengamos gozo y disfrutemos la vida, pero el ladrón, Satanás, viene para robarnos el gozo y la alegría.

> *Jesús quiere que tengamos gozo y disfrutemos la vida, pero el ladrón, Satanás, viene para robarnos el gozo y la alegría.*

Yo intentaba con mucha fuerza cambiarme a mí misma, pero cada esfuerzo fracasaba, y yo luchaba y me sentía frustrada constantemente por sentirme defraudada.

> Porque todos los que dependen de las obras de la ley están bajo maldición.
>
> Gálatas 3:10

No podemos cambiarnos a nosotros mismos, pero la Biblia dice: "estando persuadido de esto, que el que comenzó en vosotros la buena obra, la perfeccionará hasta el día de Jesucristo" (Filipenses 1:6). Dios está obrando en nosotros todo el tiempo, y Él nos cambia en diversos grados a medida que cooperamos con la obra del Espíritu Santo en nosotros. Es un proceso continuado y quedará completado cuando Cristo regrese, porque "en un abrir y cerrar de ojos" todos seremos transformados (ver 1 Corintios 15:52). Le sugiero que aprenda a estar contento con su progreso en lugar de sentirse desalentado y culpable por cuánto le queda aún por recorrer.

La culpabilidad es un modo en que el diablo nos oprime, porque pone sobre nosotros una carga que realmente evita que hagamos progreso. Romanos 8:1-2 nos enseña que ya no hay ninguna condenación para quienes están en Cristo Jesús, y que la ley del Espíritu de vida en Cristo nos ha librado de la ley del pecado y de la muerte.

El antiguo pacto requería que las personas siguieran reglas y regulaciones y que hicieran sacrificios por sus pecados, pero Jesús nos ofrece un nuevo pacto bajo el cual la ley está escrita en nuestros corazones (ver Hebreos 8:10). Ahora podemos seguir al Espíritu Santo y tener la seguridad de hacer lo correcto. Él nos ha dado su Espíritu y ha puesto en nosotros su corazón. Él es el único sacrificio que fue necesario para siempre. Cuando fallamos, ya no necesitamos intentar hacer cosas buenas para compensar nuestros errores; lo único que necesitamos hacer es mirar a la cruz del Calvario, donde Jesús pagó por nuestros pecados una vez para siempre (ver Hebreos 9:12). Bajo el nuevo pacto, cuando confesamos nuestros pecados y nos alejamos de ellos, Él los perdona, los olvida y no los recuerda más (ver Hebreos 8:12, 10:16-18).

Cuando Jesús estaba muriendo en la cruz, dijo: "Consumado es" (Juan 19:30). ¿Qué era consumado? El sistema de la ley fue consumado o terminado. Él cumplió la ley perfectamente, porque nosotros nunca podríamos hacerlo, y Él instituyó un nuevo sistema que podemos seguir, el cual da salvación, justicia, paz y gozo en lugar de lucha. Seguimos cumpliendo la ley moral, pero la ley de rituales, reglas y regulaciones, y sacrificios ha sido cumplida.

La ley moral está escrita en nuestros corazones. Como creyentes en Cristo, distinguimos instintivamente el bien y el mal.

Me gusta decir que Jesús me dio un nuevo "querer". La ley dice que *tenemos que*, pero la gracia nos da un *deseo de*. Nos da el querer, y al final, las personas terminan haciendo lo que quieren hacer la mayor parte del tiempo.

Cuando personas me dicen: "Quería llamar, pero es que no tuve tiempo", no están diciendo la verdad. La verdad es que querían hacerlo, pero no lo suficiente para cumplir su palabra y hacerlo. Podemos encontrar el tiempo para hacer las cosas que son verdaderamente importantes para nosotros, y cuando las hacemos no son gravosas.

No tenemos que ir a la iglesia; queremos ir. No tenemos que orar; consideramos que la oración es un privilegio. No tenemos que leer y estudiar la Palabra de Dios; lo hacemos porque queremos saber cómo quiere Dios que vivamos.

Si presta atención a su propia conversación, probablemente descubrirá que está llena de "Tengo que". Quizá diga. "Tengo que ir al supermercado", pero en realidad no tiene que ir; va porque quiere comer. ¿Por qué no decir: "Voy al supermercado" o "Necesito ir" o "Quiero ir"? El diablo nos ha entrenado para decir: "Tengo que" sobre la mayoría de cosas porque esas palabras nos hacen sentir que estamos bajo presión.

Jesús nunca usó un lenguaje como ese y los apóstoles tampoco, de modo que creo que sería bueno para nosotros volver a entrenarnos en esta área y entender que hacemos las cosas porque somos libres para hacerlas. No hacemos buenas obras porque tengamos que hacerlas para conseguir que Dios nos acepte. Las hacemos porque tenemos la naturaleza de Dios en nosotros, y Él es bueno.

Quienes viven bajo la ley están siempre frustrados sencillamente porque Dios no nos permitirá obtener lo que queremos de Él mediante nuestra propia lucha y esfuerzo; requiere que acudamos a Él en fe.

> Pero sin fe es imposible agradar a Dios; porque es necesario que el que se acerca a Dios crea que le hay, y que es galardonador de los que le buscan.
>
> Hebreos 11:6

El cristianismo es una vida de fe, no una vida de obras y esfuerzo. Jesús quiere que disfrutemos nuestra vida y estemos en paz, pero Satanás quiere robar todo lo bueno que Jesús murió para darnos.

Farsantes e hipócritas

Las personas más religiosas del tiempo de Jesús eran los fariseos, y Él tuvo palabras duras que decirles a ellos y sobre ellos. Dijo que eran como sepulcros blanqueados, hermosos por fuera, pero llenos de huesos de muertos (ver Mateo 23:27).

Todo el capítulo 23 de Mateo nos da una imagen clara de cómo sentía Jesús sobre las personas como los fariseos, que seguían normas y reglamentos, pero no tenían una relación genuina con Dios. Les dijo que se mantenían ocupados diciéndoles a otros qué hacer, pero ellos mismos no hacían esas cosas. Ponían pesadas cargas sobre las personas, y sin embargo no levantaban ni un solo dedo para ayudarles. Hacían sus buenas obras para que otras personas las vieran, no para glorificar a Dios. También amaban los títulos y los asientos de honor. Jesús dijo realmente que mantenían a las personas fuera del reino de Dios en lugar de ayudarles a entrar. Dijo que nunca fallaban en diezmar de cada cosa que tenían por pequeña que fuera, pero omitían los asuntos más importantes como ayudar verdaderamente a la gente. Dijo que colaban el mosquito y se tragaban el camello. Bien podían corregir a otros por alguna pequeña infracción de la ley a la vez que ellos mismos cometían pecados inmensos. Pronunció ayes sobre ellos varias veces. ¡Simplemente oír la palabra *ay* me dice que no quiero nada de eso!

La religión es uno de los engaños favoritos del diablo. Puede usarla para llenar a las personas de orgullo por sus supuestas buenas obras, a la vez que llena sus corazones de crítica y juicio hacia los demás. Lo que más teme Satanás es que tengamos una relación íntima y personal con Dios en la cual lo incluyamos a Él en cada área de nuestra vida, y realmente vivamos por Él, por medio de Él y para Él. Eso es muy distinto a pertenecer a una orden o denominación religiosa, seguir algunas normas religiosas y asistir a la iglesia una vez por semana.

Dios mira nuestro corazón mucho más de lo que mira nuestro desempeño. Él desea que lo amemos con todo nuestro corazón, toda nuestra mente y nuestra voluntad, y que hagamos todo lo que hacemos para Él porque lo amamos. Quiere que deseemos su compañía y entendamos que no podemos hacer nada sin Él.

Dios dio a Moisés los Diez Mandamientos, pero cuando llegó Jesús, los fariseos los habían convertido en no menos de 2200 reglas para que las personas cumplieran. ¡No es extraño que la gente estuviera agotada interiormente y exteriormente! Qué alivio debió haber sido cuando Jesús dijo: "Vengan a mí, y yo les haré descansar" (ver Mateo 11:28).

La religión a menudo se trata de lo que *nosotros* podemos hacer, no de lo que *Jesús* ha hecho. Quizá se enfoca en doctrina religiosa en lugar de la práctica del evangelio en nuestra vida cotidiana. Desde luego, todos necesitamos sana doctrina, pero cualquier organización que enseñe solamente doctrina y nunca llegue al lado práctico del cristianismo tan solo producirá miembros de iglesia frustrados que conocen reglas, pero no tienen ninguna capacidad de cumplirlas. Producirá personas con mucho conocimiento, pero ninguna victoria en sus vidas.

He estudiado y escrito libros sobre las epístolas de Pablo, y he visto con claridad que la primera parte de cada una de ellas se enfoca en nuestra doctrina, enseñándonos quiénes somos en Cristo y lo que deberíamos creer. Pero las segundas partes de las cartas de Pablo nos enseñan lo que deberíamos hacer a la luz de quiénes somos en Cristo y lo que creemos. Si nuestra fe se basa solamente en doctrina, terminamos predicando a la gente, pero sin mostrarles nunca nada que valga la pena seguir. Necesitamos que las personas vean a Jesús por medio de nosotros.

Le pido que examine sus motivos y se asegure de que está haciendo lo que hace por las razones correctas y no meramente para ser visto, notado, o que piensen bien de usted. Asegúrese de estar haciendo lo que hace, porque cree que Dios quiere que lo haga y porque lo ama a Él, y no para intentar obtener algo de Él.

¿Dónde está el poder?

El apóstol Pablo escribió a Timoteo sobre personas que tenían apariencia de religión, y sin embargo "negarán la eficacia de ella" (2 Timoteo 3:5). Ser cristiano debería ser una experiencia poderosa. Pablo también oraba para poder conocer a Cristo y el poder de su resurrección, que lo resucitó de entre los muertos mientras aún estaba en el cuerpo (ver Filipenses 3:10). Este es el tipo de poder que también nosotros deberíamos experimentar.

Como creyentes en Cristo, deberíamos tener el poder para soportar la dificultad sin perder el gozo o quejarnos. Deberíamos ser

> *Como creyentes en Cristo, deberíamos tener el poder para soportar la dificultad sin perder el gozo o quejarnos.*

capaces de experimentar días difíciles y aun así aferrarnos a nuestra paz. Deberíamos ser capaces de ayudar a otros mientras soportamos nuestras propias pruebas personales. Deberíamos ser rápidos en perdonar y abundantes en misericordia. Jesús vino para darnos poder para vivir la vida común y cotidiana de maneras poderosas que otros notarán y sobre las que querrán saber.

Podemos leer y observar en los Hechos de los Apóstoles cuán poderosa era la iglesia primitiva. ¡Era muy diferente a lo que experimentamos en la actualidad! Aquellos creyentes no solo eran testigos de sanidades y otros milagros, sino que también soportaban una gran persecución a la vez que se mantenían gozosos. Hoy día es difícil para nosotros mantener el gozo si sentimos la más mínima inconveniencia.

Quizá tenemos demasiada religión y no lo suficiente de una relación íntima con Jesús. Es sabio que se pregunte si está disfrutando de una relación cercana con Dios o si solamente está realizando rituales religiosos e intentando ser una buena persona. Yo puedo testificar personalmente que estuve en la iglesia regularmente por muchos años antes de oír nada sobre la importancia de tener una relación personal e íntima con el Señor. Él no quiere simplemente que asistamos a la iglesia una vez por semana y no le prestemos atención el resto del tiempo. Quiere estar involucrado en cada área de nuestra vida y tener con nosotros una relación conversacional.

Yo siempre creí que Dios era poderoso, pero nunca pensé que también yo era o pudiera ser poderosa. Esa incredulidad causó que soportara cualquier cosa que el diablo me lanzaba, sin ni siquiera darme cuenta de que era el diablo porque no había escuchado lo suficiente sobre él para entender que él era la fuente de mis problemas.

Antes leímos Efesios 6:10, que nos dice que nos fortalezcamos en el Señor. Estar en unión con alguien significa ser uno con esa persona y tener compañerismo con ella. A menudo se hace referencia al matrimonio como "la unión matrimonial", pero ¿cómo pueden dos personas entrar en eso sin tener una vida llena de compañerismo el uno con el otro?

Llamados a la comunión con Cristo

Toda nuestra experiencia con Dios es cambiada para mejor cuando entendemos que lo que Él quiere más que nada es que lo amemos y queramos pasar tiempo con Él.

> Fiel es Dios, por el cual fuisteis llamados a la comunión
> con su Hijo Jesucristo nuestro Señor.
>
> 1 Corintios 1:9

Dios nos llama y nos invita a la comunión con Él, no a batallar por cumplir las leyes, reglas y regulaciones establecidas por una organización religiosa. No estoy diciendo que deberíamos evitar incorporar a nuestra vida disciplinas espirituales, porque hacerlo es importante, pero el poder para seguir pautas y tomar decisiones correctas viene de nuestra relación con Jesús.

Religión sin relación se convierte en una pesada carga. Muchas personas religiosas son orgullosas, críticas, farisaicas y amargadas. Tienen a su alrededor una pesadez que es evidente incluso en sus caras y es visible para quienes les

> *Religión sin relación se convierte en una pesada carga.*

rodean. No disfrutan de la vida, y normalmente tienen resentimiento contra quienes sí lo hacen.

Pero una relación cercana con Jesús libera las cargas. Cuando tenemos comunión con Jesús, Él pelea nuestras batallas por nosotros. Jesús dijo que su yugo es fácil y ligera su carga (ver Mateo 11:30). Cualquier cosa que Él nos pida que hagamos, nos da el poder para hacerlo, de modo que obedecerlo a Él puede ser un placer en lugar de una presión.

Mientras más incluyamos a Jesús en nuestra vida cotidiana, más pelea Él nuestras batallas y menos problemas tenemos con el enemigo. Recordemos que Dios está a distancia de un pensamiento. Siempre está presente, y necesitamos formar el hábito de prestar atención a Él. Deberíamos pensar de nuestra relación con Él del modo siguiente: no vivimos en un hogar con otras personas y nunca les hablamos. Compartimos con ellas; vivimos la vida con ellas y disfrutamos de ellas.

Voy a concluir este capítulo diciendo que ser meramente religiosos siempre produce culpabilidad y condenación porque siempre hay alguna regla o ley que somos incapaces de cumplir. Entonces la culpabilidad tiene mucho peso sobre nosotros, e intentamos con más fuerza ser una mejor persona, pero en cierto modo siempre fallamos.

La religión verdadera basada en la relación con Jesús ayuda a las personas. Siempre busca oportunidades de ayudar a quienes están afligidos de algún modo, y se guarda "sin mancha del mundo" (Santiago 1:27).

Intente enfocarse en su relación con Él más que en cumplir reglas y leyes, y descubrirá que el deseo de hacer lo correcto comenzará a llenar su corazón, y hará lo que es bueno con facilidad. No permita que el diablo robe la relación con Dios por la que Jesús murió para que usted pudiera tenerla y disfrutarla.

CAPÍTULO 22

Dios siempre nos da la victoria

Muchas son las aflicciones del justo, pero de todas ellas le librará Jehová.

Salmos 34:19

Aunque atravesamos muchas dificultades en la vida, podemos tener en la promesa de Dios de darnos victoria (ver 1 Corintios 15:57). Siempre podemos tener esperanza, que es la expectativa confiada de que algo bueno va a suceder en nuestra vida.

Dios no es el autor de nuestro sufrimiento. Nos libera de ello cuando confiamos en Él y le obedecemos. Satanás es quien está detrás de toda la desgracia y el sufrimiento en el mundo. Es un enemigo invisible que causa estragos en las vidas de las personas principalmente porque ellas no se dan cuenta de que él es su verdadero problema. Ayer le dije a alguien que estaba escribiendo un libro que esperaba que ayudase a las personas a reconocer cuando el diablo está obrando en sus vidas, y él me dijo: "Capítulo uno: El diablo es un mentiroso; Capítulo dos: El diablo es un mentiroso; Capítulo tres: El diablo es un mentiroso".

Como el diablo es un mentiroso y padre de toda mentira (ver Juan 8:44), y es incapaz de decir la verdad, con astucia pone pensamientos en nuestra mente; por lo tanto, debemos tener mucho cuidado con lo que pensamos.

Satanás provoca tiempos de dolor y desgracia en nuestra vida y quiere utilizarlos para desalentarnos y alejarnos de Dios. Intentará hacernos pensar que Dios no nos ama, especialmente si el sufrimiento dura por mucho tiempo.

Satanás también intentará hacernos pensar que hemos pecado de alguna manera, de modo que Dios nos debe estar castigando mediante nuestro sufrimiento. Aunque hay ocasiones en que el pecado personal oculto puede abrir una puerta para que Satanás cause estragos en nuestra vida, ese no es siempre el caso. Vivimos en un mundo lleno de pecado y sus consecuencias, y Jesús dice que en el mundo tendremos aflicción (ver Juan 16:33). En ningún lugar la Escritura nos promete una vida libre de sufrimiento; sin embargo, tenemos la promesa de que Dios estará siempre con nosotros, que Él nos rescatará, y que Él hará que todas las cosas ayuden a bien si lo amamos y queremos su voluntad (ver Romanos 8:28).

Enfocarnos en las promesas de Dios en medio del sufrimiento es muy importante, y evitará que nos desalentemos. Recuerdo una ocasión en que estuve enferma durante varios meses y tuve que resistir el temor a no recuperarme nunca. Cuando sentimos dolor, a Satanás le encanta susurrar: "¿Y si esto nunca termina?".

Cuando esté sufriendo, recuerde que ese sufrimiento llegará a su fin. Está experimentando algo, y puede hacerle más fuerte si usted permite que así suceda. El sufrimiento es un momento para ejercitar su fe y confiar en Dios. Le advierto que no pase demasiado tiempo intentando descifrar por qué está atravesando esa situación. La buena noticia es que usted la está *atravesando*. Saldrá al otro lado.

Durante tiempos de agitación es útil recordar que no estamos solos en nuestro sufrimiento. Dios está con nosotros. Aquí está la promesa de Dios:

Cuando pases por las aguas, yo estaré contigo; y si por los ríos, no te anegarán. Cuando pases por el fuego, no te quemarás, ni la llama arderá en ti.

Isaías 43:2

También ayuda recordar que Jesús sabe exactamente cómo nos sentimos, porque Él sufrió en todos los aspectos, igual que nosotros (ver Hebreos 4:15). Él se identifica con nosotros, y podemos acercarnos a Él y recibir el poder que necesitamos para ayudarnos en tiempos de necesidad (ver Hebreos 4:16).

El diablo gritará que usted no va a lograrlo, que no puede soportarlo y que es demasiado. Es entonces cuando usted dice: "Todo lo puedo en Cristo que me fortalece" (Filipenses 4:13). Poner su fe en Dios durante las pruebas y tribulaciones lo libera a Él para que pelee sus batallas por usted.

Desaliento

El desaliento es uno de los objetivos del diablo. Quiere hacernos sentir abatidos en nuestras emociones; quiere que nuestros pensamientos sean negativos y vayan en una espiral descendente; y quiere que nuestra esperanza quede derribada. No hay nada "positivo" sobre el diablo; todo es negativo. Incluso nuestra postura puede estar muy baja. Cuando estamos desalentados, bajamos nuestra cabeza e incluso nuestros brazos están caídos. El autor de Hebreos escribe: "Levantad las manos caídas" (Hebreos 12:12). Las personas que logran cosas grandes en la vida siempre deben enfrentar el desaliento directamente y dejarlo atrás con valentía. Nuestros problemas a menudo comienzan con una decepción. Si nos quedamos el tiempo suficiente en la decepción, nos desalentamos y después puede que pasemos del desaliento a la depresión y la desesperación. Esta progresión descendente no es buena. Las personas desesperadas pueden ser tentadas fácilmente a abandonar. No ven ninguna vía de salida de sus situaciones y llegan a creer que sus problemas nunca terminarán.

Cuando Jesús ascendió a la diestra del Padre, nos envió un Abogado Defensor, el Espíritu Santo, para representarlo a Él y trabajar con nosotros en su nombre (ver Juan 14:26, NTV). Al Espíritu Santo también se le llama el Consolador (ver Juan 15:26). Él está con nosotros para ayudarnos, para aconsejarnos y consolarnos; nos guardará del desaliento si le escuchamos. Puede alentarnos directamente de alguna manera, o puede obrar, y lo hace con frecuencia, mediante otras personas para alentarnos. Dios tiene un antídoto para cada maldad que el enemigo intenta hacer. Lo único que necesitamos es descubrir cuál es y aplicarlo a nuestra vida. El diablo desalienta, pero el Espíritu Santo alienta. El diablo intenta destruir, pero Dios restaura, renueva y reedifica. El diablo es un mentiroso, pero Dios es Verdad.

Quizá piense: *Me gustaría tener a alguien que me alentara, pero no lo tengo.* Cuando el pueblo hablaba de apedrear al rey David, él se alentó a sí mismo en el Señor (ver 1 Samuel 30:6). De igual manera, podemos alentarnos a nosotros mismos recordando las promesas de Dios de liberarnos y sanarnos, y recordando momentos del pasado cuando estábamos sufriendo y Dios nos liberó. Cuando recordamos todo aquello por lo que Dios nos ha llevado, es más fácil creer que prevaleceremos en nuestros problemas presentes.

Cuando David estaba abatido se habló a sí mismo, y he mencionado anteriormente que hablarnos a nosotros mismos puede ser muy valioso. David dijo: "¿Por qué te abates, oh alma mía, y te turbas dentro de mí? Espera en Dios; porque aún he de alabarle, Salvación mía y Dios mío" (Salmos 42:5).

Notemos que David dijo "he de alabar" al Señor. Quizá no tenía ganas de hacerlo, pero decidió hacerlo. Se habló a sí mismo. Se podría decir que salió del mal

> *Puede tener mal humor al hablarse o puede salir de él hablándose a usted mismo.*

humor hablándose a sí mismo. Piense en ello: puede tener mal humor al hablarse o puede salir de él hablándose a usted mismo.

En Salmos 42:11 y 43:5, David volvió a decirse las mismas palabras. Esto me indica que más de una vez en su vida batalló con estar abatido, o quizá el mismo episodio duró varios días y tuvo que persistir en su determinación de no permitir que sentimientos de abatimiento lo controlaran.

Recuerde siempre que el diablo es persistente, y tendremos que ser igualmente persistentes si queremos vencerlo. Todos tenemos distintos temperamentos, y algunas personas son simplemente más melancólicas o negativas que otras. Estos individuos son desalentados más fácilmente que otros. Algunos tienen tendencia a notar cada sentimiento que tienen y examinarlo con detalle; quieren sentirse bien todo el tiempo, y cuando no es así, se quedan en cómo se sienten hasta que se desalientan. Yo intento no prestar atención a cada pequeño sentimiento que tengo, porque aquello a lo que normalmente prestamos atención se convierte en lo más grande en nuestra vida y puede parecer mucho mayor de lo que realmente es. Si no dejamos de pensar en el dolor que tenemos en el dedo del pie, el dolor de cabeza, o el desengaño por no haber conseguido el ascenso que queríamos en el trabajo, eso solo hace que el dolor empeore. Necesitamos salir y hacer algo, apartar nuestra mente de nuestros problemas y confiar en que Dios pelea nuestras batallas por nosotros.

Un ministro dijo que el problema más prevalente en la iglesia actualmente es el desaliento. Una razón para ello es el estado del mundo. Vivimos en tiempos difíciles y desalentadores. El diablo está detrás de todos los problemas en el mundo, y los usa hasta el límite máximo; usa los mismos problemas que él ha creado para desalentarnos.

Muchos de los salmos están dirigidos a este problema del desaliento, de modo que debió haber sido un problema generalizado entre la gente en todas las épocas. El desaliento puede tener muchas causas. Como mencionamos, puede ser cuestión de temperamento, y en ese caso es muy sabio conocerse a uno mismo. En realidad, sea usted una persona extrovertida o introvertida, feliz y jovial todo el tiempo o fácilmente abatido, es sabio conocerse a sí mismo. No tiene que sentirse desalentado por sus debilidades, pero sí necesita saber cuáles son. Conocerse a usted mismo le ayudará a guardarse contra permitir que Satanás se aproveche de usted. Si nunca llega a conocerse, nunca podrá vivir muy bien con usted mismo. Sí le advierto, sin embargo, que no sea demasiado introspectivo porque el diablo también puede aprovechar eso tentándolo a enfocarse excesivamente en lo que usted cree que son sus fallos y entonces llegar a preocuparse y molestarse por ellos.

> *Si nunca llega a conocerse, nunca podrá vivir muy bien con usted mismo.*

El Señor nos conoce, y sabe que no somos sino polvo (ver Salmos 103:14). Dios no se sorprende por nuestras debilidades; ya conocía cada una de ellas antes incluso que nosotros mismos, y está preparado para permitir que su fortaleza discurra a través de ellas si se lo permitimos. Aunque conocernos y examinarnos a nosotros mismos es correcto e importante, también deberíamos recordar que el diablo intenta siempre llevarnos a los extremos. Una vez más vemos la importancia de mantenernos balanceados. Negarnos a reconocer nuestras faltas es peligroso, pero enfocarnos demasiado en ellas también es peligroso.

Recordemos siempre que somos justificados delante de Dios debido a la fe en Jesucristo (ver Gálatas 2:16) y no porque no tengamos ninguna debilidad. Cuando el diablo intente darle una lista de sus faltas, puede decirle: "Sí, todo eso es cierto, pero soy justificado por la fe en Jesucristo, y estoy limpio por su sangre". El diablo quizá le susurra al oído o le grita; puede trabajar por medio de personas que alegremente señalan todo lo equivocado en usted, pero Dios ya le ha aceptado en el Amado (ver Efesios 1:6) y ha prometido no rechazar nunca a quienes creen.

Dios no envió a su Hijo al mundo para condenarnos por nuestras faltas. Todo aquel que cree en Él no es condenado (ver Juan 3:18).

¿Por qué me querría Dios?

Yo no soy perfecto. Tengo todo tipo de problemas. No tengo capacidad. No tengo dones. No soy digno. ¿Por qué me querría Dios?

Bueno, ¿sabía que...

Moisés tartamudeaba.

La armadura de David no le encajaba.

Juan Marcos abandonó a Pablo.

Timoteo tenía úlceras.

La esposa de Oseas era prostituta.

La única formación de Amós era en la escuela de la poda de higos.

Jacob era un engañador.

David tuvo una aventura amorosa...

Abraham era demasiado viejo.

David era demasiado joven.

Pedro tenía miedo a la muerte.

Lázaro estaba muerto.

Juan era farisaico.

Noemí era viuda.

Pablo era un perseguidor de la iglesia.

Moisés era un asesino.

Jonás huyó de la voluntad de Dios.

María, la hermana de Moisés, era una murmuradora.

Gedeón y Tomás dudaron.

Jeremías era depresivo y suicida.

Elías estaba quemado.

Juan el Bautista era un bocazas.

Marta era especialista en preocupación.

Noé se emborrachó.

¿Mencioné que Moisés tenía mal genio?

Y también lo tenían Pedro y Pablo; bueno, les sucedía a muchos.

> (Autor anónimo, "Why Would God
> Want ME?" gatewaytojesus.com/
> encouragingwritingspage1.html).

Todos tenemos algún déficit, alguna razón por la que Dios nunca debería escogernos, pero Él lo hace. Dios no requiere una entrevista para la salvación; no tiene prejuicios ni es parcial. Nos ama a pesar de nuestras faltas.

"Why Would God Want ME?" (¿Por qué Dios me querría?) concluye con una conversación entre Jesús y el diablo.

Satanás dice: "No eres digno".

Jesús dice: "¿Y qué? Yo Soy".

Satanás mira atrás y ve nuestros errores.

Dios mira atrás y ve la cruz.

Dios le quiere, ¡y Él le acepta tal como usted es!

No se sorprenda por los problemas

La Biblia habla tanto sobre el sufrimiento que me pregunto por qué nos sorprende cuando llega a nuestro camino.

"Amados, no os sorprendáis del fuego de prueba que os ha sobrevenido, como si alguna cosa extraña os aconteciese" (1 Pedro 4:12). El sufrimiento llegará y se irá, pero debemos permanecer igual. Si Dios nos permite sufrir, lo hace para poder utilizar nuestras pruebas para hacer de nosotros personas más fuertes y mejores. La fe es inútil si nunca es probada. Es fácil hablar sobre fe, pero debemos caminar en fe para demostrar que la tenemos verdaderamente. Ejercitar nuestra fe es como levantar peso. Es difícil, pero aumenta nuestra fuerza y aumenta nuestros músculos espirituales. Cuando enfrentamos retos en la vida y utilizamos nuestra fe, nuestra fe crece.

Parte de nuestro sufrimiento llega por medio de otras personas. Las cosas que nos hacen y las cosas que no hacen por nosotros pueden hacer daño. Le insto a que no espere la perfección de ninguna persona. Si quiere tener relaciones, tendrá que estar dispuesto a ser herido a veces porque eso es lo que sucede. Muestre misericordia y sea rápido en perdonar, y eso pondrá fin a su sufrimiento. Debemos soportar los fallos de los débiles (ver Gálatas 6:2), y deberíamos recordar que otras personas también tienen que soportar nuestros fallos.

Quizá deberíamos estar más interesados en que el diablo nos deje en paz de lo que estamos interesados en sus ataques. Si no nos está molestando, quizá signifique que nosotros no lo molestamos a él. Tras muchos años de experiencia en el ministerio y con el diablo, ya no me sorprendo cuando llegan pruebas feroces para probar mi calidad. No me gustan, y preferiría no tenerlas, pero no me sorprenden.

Entiendo que el diablo aborrece cuando mostramos amor o intentamos ayudar a personas que tienen necesidad, o cuando el evangelio se predica y hay personas que son salvas. Quizá lo aborrece e intenta hacer surgir problemas, pero la batalla ya está ganada. Aprendemos aguante cuando atravesamos pruebas y tribulaciones. En palabras sencillas, creo que esto significa que aprendemos a superar al diablo. Igual que él dejó solo a Jesús en el desierto después de haber terminado de tentarlo, diciendo que esperaría un momento más oportuno, así también nos dejará a nosotros si nos mantenemos firmes en la Palabra de Dios como hizo Jesús (ver Lucas 4:1-13). El diablo esperará otra oportunidad, pero no tenemos que temer porque la batalla es del Señor y somos más que vencedores por medio de Cristo que nos ama (ver Romanos 8:37).

> Aprendemos a superar al diablo.

Sufrimiento inmerecido

Si alguien ha sufrido alguna vez y no lo merecía, ¡fue Jesús! Todo su sufrimiento fue por nosotros. Soportó injusticia para que nosotros pudiéramos ser justificados delante de Dios. Si una persona ha hecho algo malo, quizá esperar sufrir, pero hacer algo bien y entonces sufrir por ello es especialmente difícil de soportar. Pedro dijo que es mejor sufrir injustamente por hacer el bien, si esa es la voluntad de Dios, que sufrir justamente por hacer el mal (ver 1 Pedro 3:17).

Decimos que queremos ser como Jesús, pero ¿realmente lo queremos? El siguiente pasaje de la Escritura es difícil de asimilar, pero si verdaderamente queremos ser como Jesús, debemos aceptar lo que dice.

Porque esto merece aprobación, si alguno a causa de la
conciencia delante de Dios, sufre molestias padeciendo
injustamente. Pues ¿qué gloria es, si pecando sois
abofeteados, y lo soportáis? Mas si haciendo lo
bueno sufrís, y lo soportáis, esto ciertamente es
aprobado delante de Dios. Pues para esto fuisteis
llamados; porque también Cristo padeció por nosotros,
dejándonos ejemplo, para que sigáis sus pisadas.

1 Pedro 2:19-21

Este pasaje dice que es bueno ante los ojos de Dios si soportamos sufrimiento que nos merecemos, y que en realidad hemos
sido llamado a hacerlo si queremos seguir los pasos de Jesús.
Recuerde que mi definición de aguante significa "superar al diablo", de modo que la próxima vez que sienta que ha hecho el
bien y de todos modos está sufriendo, simplemente recuérdele al
diablo que está contento de caminar por el mismo sendero que
recorrió Jesús, y que está plenamente convencido de que Dios le
recompensará por su fidelidad.

Si Dios está peleando nuestras batallas por nosotros, ¿por qué
seguimos sufriendo? Algunas batallas son más largas que otras,
y a veces tendremos que aceptar el consejo del apóstol Pablo:
habiendo hecho todo lo que demanda la crisis, mantenernos
firmemente en nuestro lugar (ver Efesios 6:13). El hecho de que
Dios pelea nuestras batallas por nosotros no significa que nunca
resultamos heridos. Nuestras heridas sanarán y no tendremos
cicatrices, pero seremos más fuertes en nuestra fe y capaces de
soportar más la próxima vez que el enemigo ataque. Cada batalla
nos da experiencia con la fidelidad de Dios, y nada es mejor que
la experiencia.

La Palabra de Dios dice que Jesús aprendió obediencia mediante lo que sufrió, y eso lo equipó para convertirse en el Autor y Consumador de nuestra salvación (ver Hebreos 5:8-9). Él fue herido por nuestras transgresiones, y por sus llagas somos sanados (ver Isaías 53:5; 1 Pedro 2:24). Puede ser que en nuestros tiempos de sufrimiento injusto también estamos siendo preparados y equipados para ayudar a alguna otra persona. La tarea de salvar almas heridas no quedó terminada cuando Jesús dejó esta tierra para regresar a su lugar a la diestra de Dios; sencillamente nos la entregó a nosotros. Por lo tanto, estemos decididos a ayudar a todas las personas que podamos por tanto tiempo como tengamos vida. El diablo peleará contra nosotros, pero Dios peleará con nosotros, y sabemos quién gana. Recuerde que la Palabra de Dios promete que incluso cuando atravesamos mucha dificultad, somos más que vencedores por medio de Cristo que nos ama (ver Romanos 8:37). Recordemos siempre la promesa de 1 Corintios 15:57 (paráfrasis mía):

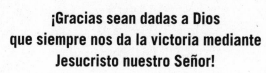

**¡Gracias sean dadas a Dios
que siempre nos da la victoria mediante
Jesucristo nuestro Señor!**

¿Tiene una relación real con Jesús?

¡Dios le ama! Él le creó para ser una persona especial, única, exclusiva, y Él tiene un propósito concreto y un plan para su vida. Y mediante una relación personal con su Dios y Creador, puede descubrir un estilo de vida que verdaderamente satisfará su alma.

No importa quién sea, lo que haya hecho, o dónde se encuentre en la vida ahora mismo, el amor y la gracia de Dios son mayores que su pecado: sus errores. Jesús voluntariamente dio su vida para que usted pueda recibir perdón de Dios y tener nueva vida en Él. Él está esperando a que usted lo invite a ser su Salvador y Señor.

Si está listo para entregar su vida a Jesús y seguirlo, lo único que tiene que hacer es pedirle que le perdone sus pecados y le dé un nuevo comienzo en la vida que Él tiene para usted. Comience haciendo esta oración...

Señor Jesús, gracias por darme tu vida y perdonarme mis pecados para que pueda tener una relación personal contigo. Siento mucho los erro es que he cometido, y sé que necesito que me ayudes a vivir rectamente.

Tu Palabra dice en Romanos 10:9: "si confiesas con tu boca que Jesús es el Señor y crees en tu corazón que Dios lo levantó de entre los muertos, serás salvo" (NVI). Creo que eres el Hijo de Dios y te confieso como mi Salvador y Señor. Tómame tal como soy, y trabaja en mi corazón, haciéndome la persona que quieres que sea. Quiero vivir para ti, Jesús, y estoy muy agradecido porque me estás dando un nuevo comienzo en mi nueva vida contigo hoy.

¡Te amo, Jesús!

¡Es maravilloso saber que Dios nos ama tanto! Él quiere tener una relación profunda e íntima con nosotros que crezca cada día al pasar tiempo con Él en oración y estudiando la Biblia. Y queremos animarle en su nueva vida en Cristo.

Por favor, visite https://tv.joycemeyer.org/espanol/como-conocer-jesus/. También tenemos otros recursos gratuitos en línea para ayudarle a crecer y perseguir todo lo que Dios tiene para usted.

¡Enhorabuena por su nuevo comienzo en su vida en Cristo! Esperamos oír de usted pronto.

ACERCA DE LA AUTORA

Joyce Meyer es una de las principales maestras prácticas de la Biblia en el mundo. Como autora éxito de ventas del *New York Times*, los libros de Joyce han ayudado a millones de personas a encontrar esperanza y restauración por medio de Jesucristo. Los programas de Joyce, *Disfrutando la vida diaria* y *Everyday Answers with Joyce Meyer*, se emiten en todo el mundo en televisión, radio y el internet. A través de Joyce Meyer Ministries, Joyce enseña internacionalmente sobre varios temas con un enfoque particular en cómo puede aplicarse la Palabra de Dios a nuestra vida cotidiana. Su estilo de comunicación sincero y espontáneo le permite compartir de forma abierta y práctica sobre sus experiencias para que otros puedan aplicar a sus vidas lo que ella ha aprendido.

Joyce ha escrito más de cien libros, que se han traducido a más de cien idiomas, y se han distribuido más de 65 millones de sus libros por todo el mundo. Entre sus éxitos de ventas destacan *Pensamientos de poder*; *Mujer segura de sí misma*; *Luzca estupenda, siéntase fabulosa*; *Empezando tu día bien*; *Termina bien tu día*; *Adicción a la aprobación*; *Cómo oír a Dios*; *Belleza en lugar de cenizas*; y *El campo de batalla de la mente*.

La pasión de Joyce por ayudar a las personas que sufren es el fundamento de la visión de Hand of Hope, el brazo misionero de Joyce Meyer Ministries. Hand of Hope realiza viajes humanitarios por todo el mundo como programas de alimentación, cuidado médico, orfanatos, respuesta a catástrofes, intervención y rehabilitación en tráfico humano, y mucho más, siempre compartiendo el amor y el evangelio de Cristo.

JOYCE MEYER MINISTRIES
DIRECCIONES DE LAS OFICINAS EN E.U.A. Y EL EXTRANJERO

Joyce Meyer Ministries
P.O. Box 655
Fenton, MO 63026
USA
(636) 349-0303

Joyce Meyer Ministries—Canadá
P.O. Box 7700
Vancouver, BC V6B 4E2
Canada
(800) 868-1002

Joyce Meyer Ministries—Australia
Locked Bag 77
Mansfield Delivery Centre
Queensland 4122
Australia
(07) 3349 1200

Joyce Meyer Ministries—Inglaterra
P.O. Box 1549
Windsor SL4 1GT
United Kingdom
01753 831102

Joyce Meyer Ministries—África del Sur
P.O. Box 5
Cape Town 8000
South Africa
(27) 21-701-1056

OTROS LIBROS DE JOYCE MEYER

Love Out Loud

The Love Revolution

Making Good Habits, Breaking Bad Habits

Making Marriage Work (publicado previamente como *Help Me—I'm Married!*)

Me and My Big Mouth!*

The Mind Connection*

Never Give Up!

Never Lose Heart

New Day, New You

Overload

The Penny

Perfect Love (publicado previamente como *God Is Not Mad at You*)*

The Power of Being Positive

The Power of Being Thankful

The Power of Determination

The Power of Forgiveness

The Power of Simple Prayer

Power Thoughts

Power Thoughts Devotional

Reduce Me to Love

The Secret Power of Speaking God's Word

The Secrets of Spiritual Power

The Secret to True Happiness

Seven Things That Steal Your Joy

Start Your New Life Today

Starting Your Day Right

Straight Talk

Teenagers Are People Too!

Trusting God Day by Day

The Word, the Name, the Blood

Woman to Woman

You Can Begin Again

LIBROS EN ESPAÑOL POR JOYCE MEYER

20 maneras de hacer que cada día sea mejor (*20 Ways to Make Every Day Better*)

Aproveche su día (*Seize the Day*)

Belleza en lugar de cenizas (*Beauty for Ashes*)

Buena salud, buena vida (*Good Health, Good Life*)

Cambia tus palabras, cambia tu vida (*Change Your Words, Change Your Life*)

El campo de batalla de la mente (*Battlefield of the Mind*)

Cómo formar buenos hábitos y romper malos hábitos (Making Good Habits, Breaking Bad Habits)
La conexión de la mente (The Mind Connection)
Confianza inquebrantable (Unshakeable Trust)
Dios no está enojado contigo (God Is Not Mad at You)
La dosis de aprobación (The Approval Fix)
Efesios: Comentario bíblico (Ephesians: Biblical Commentary)
Empezando tu día bien (Starting Your Day Right)
Hazte un favor a ti mismo…Perdona (Do Yourself a Favor…Forgive)
Madre segura de sí misma (The Confident Mom)
Pensamientos de poder (Power Thoughts)
Sanidad para el alma de una mujer (Healing the Soul of a Woman)
Santiago: Comentario bíblico (James: Biblical Commentary)
*Sobrecarga (Overload)**
Termina bien tu día (Ending Your Day Right)
Usted puede comenzar de nuevo (You Can Begin Again)
Viva amando su vida (Living a Life You Love)
Viva valientemente (Living Courageously)

* Guía de estudio disponible para este título

LIBROS POR DAVE MEYER

Life Lines